Don Juan; ou, Le Festin de Pierre

Molière

DODO PRESS

DON JUAN

ou

LE FESTIN DE PIERRE

Comédie

(1663)

Jean-Baptiste Poquelin (1620-1673), alias Molière,
"Oeuvres de Molière, avec des notes de tous les commentateurs",
Tome Premier,

1890.

PERSONNAGES	ACTEURS
Don Juan, fils de don Louis.	La Grange.
Sganarelle.	Molière.
Elvire, maîtresse de don Juan.	Mlle Du Parc.
Gusman, écuyer d'Elvire.	
Don Carlos,	
Don Alonse, frères d'Elvire.	
Don Louis, père de don Juan.	Béjart.
Francisque, pauvre.	
Charlotte,	Mlle Molière.
Mathurine, paysannes.	Mlle de Brie.
Pierrot, paysan.	Hubert.
La Statue du Commandeur.	
La Violette,	
Ragotin, valets de don Juan.	
M. Dimanche, marchand.	Du Croisy.
La Ramée, spadassin.	De Brie.
Suite de don Juan.	
Suite de don Carlos et don Alonse, frères.	
Un spectre.	

La scène est en Sicile.

ACTE PREMIER.

Le théâtre représente un palais.

Scène I. - Sganarelle, Gusman.

- Sganarelle -

(tenant une tabatière.)

Quoi que puisse dire Aristote, et toute la philosophie, il n'est rien d'égal au tabac; c'est la passion des honnêtes gens; et qui vit sans tabac n'est pas digne de vivre. Non seulement il réjouit et purge les cerveaux humains, mais encore il instruit les âmes à la vertu, et l'on apprend avec lui à devenir honnête homme. Ne voyez-vous pas bien, dès qu'on en prend, de quelle manière obligeante on en use avec tout le monde, et comme on est ravi d'en donner à droite et à gauche, partout où l'on se trouve? On n'attend pas même qu'on en demande, et l'on court au-devant du souhait des gens; tant il est vrai que le tabac inspire des sentiments d'honneur et de vertu à tous ceux qui en prennent. Mais c'est assez de cette matière, reprenons un peu notre discours. Si bien donc, cher Gusman, que done Elvire, ta maîtresse, surprise de notre départ, s'est mise en campagne après nous; et son coeur, que mon Maître a su toucher trop fortement, n'a pu vivre, dis-tu, sans le venir chercher ici. Veux-tu qu'entre-nous je te dise ma pensée? J'ai peur qu'elle ne soit mal payée de son amour, que son voyage en cette ville produise peu de fruit, et que vous eussiez autant gagné à ne bouger de là.

- Gusman -

Et la raison encore? Dis-moi, je te prie, Sganarelle, qui peut t'inspirer une peur d'un si mauvais augure? Ton maître t'a-t-il ouvert son coeur là-dessus, et t'a-t-il dit qu'il eût pour nous quelque froideur qui l'ait obligé à partir ?

- Sganarelle -

Non pas; mais, à vue de pays, je connais à peu près le train des choses; et sans qu'il m'ait encore rien dit, je gagerais presque que l'affaire va là. Je pourrais peut-être me tromper; mais enfin, sur de tels sujets, l'expérience m'a pu donner quelques lumières.

- Gusman -

Quoi! ce départ si peu prévu serait une infidélité de don Juan? il pourrait faire cette injure aux chastes feux de done Elvire ?

- Sganarelle -

Non, c'est qu'il est jeune encore, et qu'il n'a pas le courage...

- Gusman -

Un homme de sa qualité ferait une action si lâche !

- Sganarelle -

Hé! oui, sa qualité! La raison en est belle; et c'est par là qu'il s'empêcherait des choses !

- Gusman -

Mais les saints noeuds du mariage le tiennent engagé.

- Sganarelle -

Hé! mon pauvre Gusman, mon ami, tu ne sais pas encore, crois-moi, quel homme est don Juan.

- Gusman -

Je ne sais pas, de vrai, quel homme il peut être, s'il faut qu'il nous ait fait cette perfidie; et je ne comprends point comme, après tant d'amour et tant d'impatience témoignée, tant d'hommages pressants, de voeux, de soupirs et de larmes, tant de lettres passionnées, de protestations ardentes et de serments réitérés, tant de transports enfin, et tant d'emportements qu'il a fait paraître, jusqu'à forcer, dans sa passion, l'obstacle sacré d'un couvent, pour mettre done Elvire en sa puissance; je ne comprends pas, dis-je, comme après tout cela, il aurait le coeur de pouvoir manquer à sa parole.

- Sganarelle -

Je n'ai pas grande peine à le comprendre, moi; et si tu connaissais le pèlerin, tu trouverais la chose assez facile pour lui. Je ne dis pas qu'il ait changé de sentiments pour done Elvire, je n'en ai point de certitude encore. Tu sais que, par son ordre, je partis avant lui; et depuis son arrivée, il ne m'a point entretenu; mais par précaution, je t'apprends, "inter nos", que tu vois, en don Juan mon maître, le plus grand scélérat que la terre ait jamais porté, un enragé, un chien, un diable, un Turc, un hérétique, qui ne croit ni ciel, ni saint, ni Dieu, ni loup-garou, qui passe cette vie en véritable bête brute; un pourceau d'Epicure, un vrai Sardanapale, qui ferme l'oreille à toutes les remontrances chrétiennes qu'on lui peut faire, et traite de billevesées tout ce que nous croyons. Tu me dis qu'il a épousé ta maîtresse; crois qu'il aurait plus fait pour sa passion, et qu'avec elle il aurait encore épousé, toi, son chien, et son chat. Un mariage ne lui coûte rien à contracter; il ne se sert point d'autres pièges pour attraper les belles; et c'est un épouseur à toutes mains. Dame, demoiselle, bourgeoise, paysanne, il ne trouve rien de trop chaud ni de trop froid pour lui; et si je te disais le nom de toutes celles qu'il a épousées en divers lieux, ce serait un chapitre à durer jusqu'au soir. Tu demeures surpris et changes de couleur à ce discours; ce n'est là qu'une ébauche du personnage, et, pour en achever le portrait, il faudrait bien d'autres coups de pinceau. Suffit qu'il faut que le courroux du ciel l'accable quelque jour; qu'il me vaudrait bien mieux d'être au diable que d'être à lui, et qu'il me fait voir tant d'horreurs, que je souhaiterais qu'il fût déjà je ne sais où. Mais un grand seigneur méchant homme est une terrible chose: il faut que je lui sois fidèle, en dépit que j'en aie; la crainte en moi fait l'office du zèle, brise mes sentiments, et me réduit d'applaudir bien souvent à ce que mon âme déteste. Le voilà qui vient se promener dans ce palais, séparons-nous. Ecoute au moins; je t'ai fait cette confidence avec franchise, et cela m'est sorti un peu bien vite de la bouche; mais s'il fallait qu'il en vînt quelque chose à ses oreilles, je dirais hautement que tu aurais menti.

Scène II. - Don Juan, Sganarelle.

- Don Juan -

Quel homme te parlait là? Il a bien l'air, ce me semble, du bon Gusman de done Elvire ?

- Sganarelle -

C'est quelque chose aussi à peu près comme cela.

- Don Juan -

Quoi! c'est lui ?

- Sganarelle -

Lui-même.

- Don Juan -

Et depuis quand est-il en cette ville ?

- Sganarelle -

D'hier au soir.

- Don Juan -

Et quel sujet l'amène ?

- Sganarelle -

Je crois que vous jugez assez ce qui le peut inquiéter.

- Don Juan -

Notre départ, sans doute ?

- Sganarelle -

Le bonhomme en est tout mortifié, et m'en demandait le sujet.

- Don Juan -

Et quelle réponse as-tu faite ?

- Sganarelle -

Que vous ne m'en aviez rien dit.

- Don Juan -

Mais encore, quelle est ta pensée là-dessus, que t'imagines-tu de cette affaire ?

- Sganarelle -

Moi! Je crois, sans vous faire tort, que vous avez quelque nouvel amour en tête.

- Don Juan -

Tu le crois ?

- Sganarelle -

Oui.

- Don Juan -

Ma foi, tu ne te trompes pas, et je dois t'avouer qu'un autre objet a chassé Elvire de ma pensée.

- Sganarelle -

Hé! mon Dieu! je sais mon don Juan sur le bout du doigt, et connais votre coeur pour le plus grand coureur du monde; il se plaît à se promener de liens en liens, et n'aime guère à demeurer en place.

- Don Juan -

Et ne trouves-tu pas, dis-moi, que j'ai raison d'en user de la sorte ?

- Sganarelle -

Hé! Monsieur...

- Don Juan -

Quoi? Parle.

- Sganarelle -

Assurément que vous avez raison, si vous le voulez; on ne peut pas aller là contre. Mais si vous ne vouliez pas, ce serait peut-être une autre affaire.

- Don Juan -

Et bien, je te donne la liberté de parler, et de me dire tes sentiments.

- Sganarelle -

En ce cas, Monsieur, je vous dirai franchement que je n'approuve point votre méthode, et que je trouve fort vilain d'aimer de tous c'tés comme vous faites.

- Don Juan -

Quoi! tu veux qu'on se lie à demeurer au premier objet qui nous prend, qu'on renonce au monde pour lui, et qu'on n'ait plus d'yeux pour personne? La belle chose de vouloir se piquer d'un faux honneur d'être fidèle, de s'ensevelir pour toujours dans une passion, et d'être mort dès sa jeunesse à toutes les autres beautés qui nous peuvent frapper les yeux! Non, non, la constance n'est bonne que pour des ridicules; toutes les belles ont droit de nous charmer, et l'avantage d'être rencontrée la première ne doit point dérober aux autres les justes prétentions qu'elles ont toutes sur nos coeurs. Pour moi, la beauté me ravit partout où je la trouve; et je cède facilement à cette douce violence dont elle nous entraîne. J'ai beau être engagé, l'amour que j'ai pour une belle n'engage point mon âme à faire injustice aux autres; je conserve des yeux pour voir le mérite de toutes, et rends à chacune les hommages et les tributs où la nature nous oblige. Quoi qu'il en soit, je ne puis refuser mon coeur à tout ce que je vois d'aimable; et dès qu'un beau visage me le demande, si j'en avais dix mille, je les donnerais tous. Les inclinations naissantes, après tout, ont des charmes inexplicables, et tout le plaisir de l'amour est dans le changement. On goûte une douceur extrême à réduire, par cent hommages, le coeur d'une jeune beauté, à voir de jour en jour les petits progrès qu'on y fait, à combatre, par des transports, par des larmes et des soupirs, l'innocente pudeur d'une âme qui a peine à rendre les armes; à forcer pied à pied toutes les petites résistances qu'elle nous oppose, à vaincre les scrupules dont elle se fait un honneur, et la mener doucement où nous avons envie de la faire venir. Mais lorsqu'on en est maître une fois, il n'y a plus rien à dire, ni rien à souhaiter; tout le beau de la passion est fini, et nous nous endormons dans la tranquillité d'un tel amour, si quelque objet nouveau ne vient réveiller nos désirs, et présenter à notre coeur les charmes attrayants d'une conquête à faire. Enfin, il n'est rien de si doux que de triompher de la résistance d'une belle personne; et j'ai, sur ce sujet, l'ambition des conquérants, qui volent perpétuellement de victoire en victoire, et ne peuvent se résoudre à borner leurs souhaits. Il n'est rien qui puisse arrêter l'impétuosité de mes désirs; je me sens un coeur à aimer toute la terre; et, comme Alexandre, je souhaiterais qu'il y eût d'autres mondes, pour y pouvoir étendre mes conquêtes amoureuses.

- Sganarelle -

Vertu de ma vie! comme vous débitez! Il semble que vous ayez appris cela par coeur, et vous parlez tout comme un livre.

- Don Juan -

Qu'as-tu à dire là-dessus ?

- Sganarelle -

Ma foi, j'ai à dire... Je ne sais que dire; car vous tournez les choses d'une manière, qu'il semble que vous avez raison; et cependant il est vrai que vous ne l'avez pas. J'avais les plus belles pensées du monde, et vos discours m'ont brouillé tout cela. Laissez faire; une autre fois, je mettrai mes raisonnements par écrit, pour disputer avec vous.

- Don Juan -

Tu feras bien.

- Sganarelle -

Mais, Monsieur, cela serait-il de la permission que vous m'avez donnée, si je vous disais que je suis tant soit peu scandalisé de la vie que vous menez ?

- Don Juan -

Comment, quelle vie est-ce que je mène ?

- Sganarelle -

Fort bonne. Mais par exemple, de vous voir tous les mois vous marier comme vous faites !

- Don Juan -

Y a-t-il rien de plus agréable ?

- Sganarelle -

Il est vrai. Je conçois que cela est fort agréable et fort divertissant, et je m'en accommoderais assez, moi, s'il n'y avait point de mal; mais, Monsieur, se jouer ainsi d'un mystère sacré, et...

- Don Juan -

Va, va, c'est une affaire entre le ciel et moi, et nous la démêlerons bien ensemble sans que tu t'en mettes en peine.

- Sganarelle -

Ma foi, Monsieur, j'ai toujours ouï dire que c'est une méchante raillerie que de se railler du ciel, et que les libertins ne font jamais une bonne fin.

- Don Juan -

Holà! maître sot. Vous savez que je vous ai dit que je n'aime pas les faiseurs de remontrances.

- Sganarelle -

Je ne parle pas aussi à vous, Dieu m'en garde! Vous savez ce que vous faites, vous, et si vous ne croyez rien, vous avez vos raisons: mais il y a certains petits impertinents dans le monde qui sont libertins sans savoir pourquoi, qui font les esprits forts, parce qu'ils croient que cela leur sied bien; et si j'avais un maître comme cela, je lui dirais fort nettement, le regardant en face: Osez-vous bien ainsi vous jouer du ciel, et ne tremblez-vous point de vous moquer comme vous faites des choses les plus saintes? C'est bien à vous, petit ver de terre, petit myrmidon que vous êtes, (je parle au maître que j'ai dit), c'est bien à vous à vouloir vous mêler de tourner en raillerie ce que tous les hommes revèrent? Pensez-vous que, pour être de qualité, pour avoir une perruque blonde et bien frisée, des plumes à votre chapeau, un habit bien doré, et des rubans couleur de feu, (ce n'est pas à vous que je parle, c'est à l'autre), pensez-vous, dis-je, que vous en soyez plus habile homme, que tout vous soit permis, et qu'on n'ose vous dire vos vérités? Apprenez de moi, qui suis votre valet, que le ciel punit t't ou tard les impies, qu'une méchante vie amène une méchante mort, et que...

- Don Juan -

Paix !

- Sganarelle -

De quoi est-il question ?

- Don Juan -

Il est question de te dire qu'une beauté me tient au coeur, et qu'entraîné par ses appas, je l'ai suivie jusqu'en cette ville.

- Sganarelle -

Et n'y craignez-vous rien, Monsieur, de la mort de ce commandeur que vous tuâtes il y a six mois ?

- Don Juan -

Et pourquoi craindre? ne l'ai-je pas bien tué ?

- Sganarelle -

Fort bien, le mieux du monde; et il aurait tort de se plaindre.

- Don Juan -

J'ai eu ma grâce de cette affaire.

- Sganarelle -

Oui, mais cette grâce n'éteint pas peut-âtre le ressentiment des parents et des amis, et...

- Don Juan -

Ah! n'allons point songer au mal qui nous peut arriver, et songeons seulement à ce qui nous peut donner du plaisir. La personne dont je te parle est une jeune fiancée, la plus agréable du monde, qui a été conduite ici par celui même qu'elle y vient épouser; et le hasard me fit voir ce couple d'amants trois ou quatre jours avant leur voyage. Jamais je n'ai vu deux personnes être si contentes l'une de l'autre, et faire éclater plus d'amour. La tendresse visible de leurs mutuelles ardeurs me donna de l'émotion; j'en fus frappé au coeur, et mon amour commença par la jalousie. Oui, je ne pus souffrir d'abord de les voir si bien ensemble; le dépit alluma mes désirs, et je me figurai un plaisir extrême à pouvoir troubler leur intelligence, et rompre cet attachement, dont la délicatesse de mon coeur se tenait offensée; mais jusques ici tous mes efforts ont été inutiles, et j'ai recours au dernier remède. Cet époux prétendu doit aujourd'hui régaler sa maîtresse d'une promenade sur mer. Sans t'en avoir rien dit, toutes choses sont préparées pour satisfaire mon amour, et j'ai une petite barque et des gens, avec quoi fort facilement je prétends enlever la belle.

- Sganarelle -

Ah! Monsieur...

- Don Juan -

Hein ?

- Sganarelle -

C'est fort bien fait à vous, et vous le prenez comme il faut. Il n'est rien tel en ce monde que de se contenter.

- Don Juan -

Prépare-toi donc à venir avec moi, et prend soin toi-même d'apporter toutes mes armes, afin que...

(apercevant done Elvire.)

Ah! rencontre fâcheuse. Traître, tu ne m'avais pas dit qu'elle était ici elle-même.

- Sganarelle -

Monsieur, vous ne me l'avez pas demandé.

- Don Juan -

Est-elle folle, de n'avoir pas changé d'habit, et de venir en ce lieu-ci, avec son équipage de campagne ?

Scène III. - Done Elvire, Don Juan, Sganarelle.

- Done Elvire -

Me ferez-vous la grâce, don Juan, de vouloir bien me reconnaître? Et puis-je au moins espérer que vous daigniez tourner le visage de ce c'té ?

- Don Juan -

Madame, je vous avoue que je suis surpris, et que je ne vous attendais pas ici.

- Done Elvire -

Oui, je vois bien que vous ne m'y attendiez pas; et vous êtes surpris, à la vérité, mais tout autrement que je ne l'espérais; et la manière dont vous le paraissez, me persuade pleinement ce que je refusais de croire. J'admire ma simplicité, et la faiblesse de mon coeur, à douter d'une trahison que tant d'apparences me confirmaient. J'ai été assez bonne, je le confesse, ou plut't assez sotte, pour vouloir me tromper moi-même, et travailler à démentir mes yeux et mon jugement. J'ai cherché des raisons, pour excuser à ma tendresse le relâchement d'amitié qu'elle voyait en vous; et je me suis forgé exprès cent sujets légitimes d'un départ si précipité, pour vous justifier du crime dont ma raison vous accusait. Mes justes soupçons chaque jour avaient beau me parler, j'en rejetais la voix qui vous rendait criminel à mes yeux, et j'écoutais avec plaisir mille chimères ridicules, qui vous peignaient innocent à mon coeur; mais enfin cet abord ne me permet plus de douter, et le coup d'oeil qui m'a reçue m'apprend bien plus de choses que je ne voudrais en savoir. Je serais bien aise pourtant d'ouïr de votre bouche les raisons de votre départ. Parlez, don Juan, je vous prie, et voyons de quel air vous saurez vous justifier.

- Don Juan -

Madame, voilà Sganarelle, qui sait pourquoi je suis parti.

- Sganarelle -

(bas, à don Juan.)

Moi, Monsieur? je n'en sais rien, s'il vous plaît.

- Done Elvire -

Eh bien! Sganarelle, parlez. Il n'importe de quelle bouche j'entende ses raisons.

- Don Juan -

(faisant signe à Sganarelle d'approcher.)

Allons, parle donc à Madame.

- Sganarelle -

(bas, à don Juan.)

Que voulez-vous que je dise ?

- Done Elvire -

Approchez, puis qu'on le veut ainsi, et me dites un peu les causes d'un départ si prompt.

- Don Juan -

Tu ne répondras pas ?

- Sganarelle -

(bas, à don Juan.)

Je n'ai rien à répondre. Vous vous moquez de votre serviteur.

- Don Juan -

Veux-tu répondre, te dis-je ?

- Sganarelle -

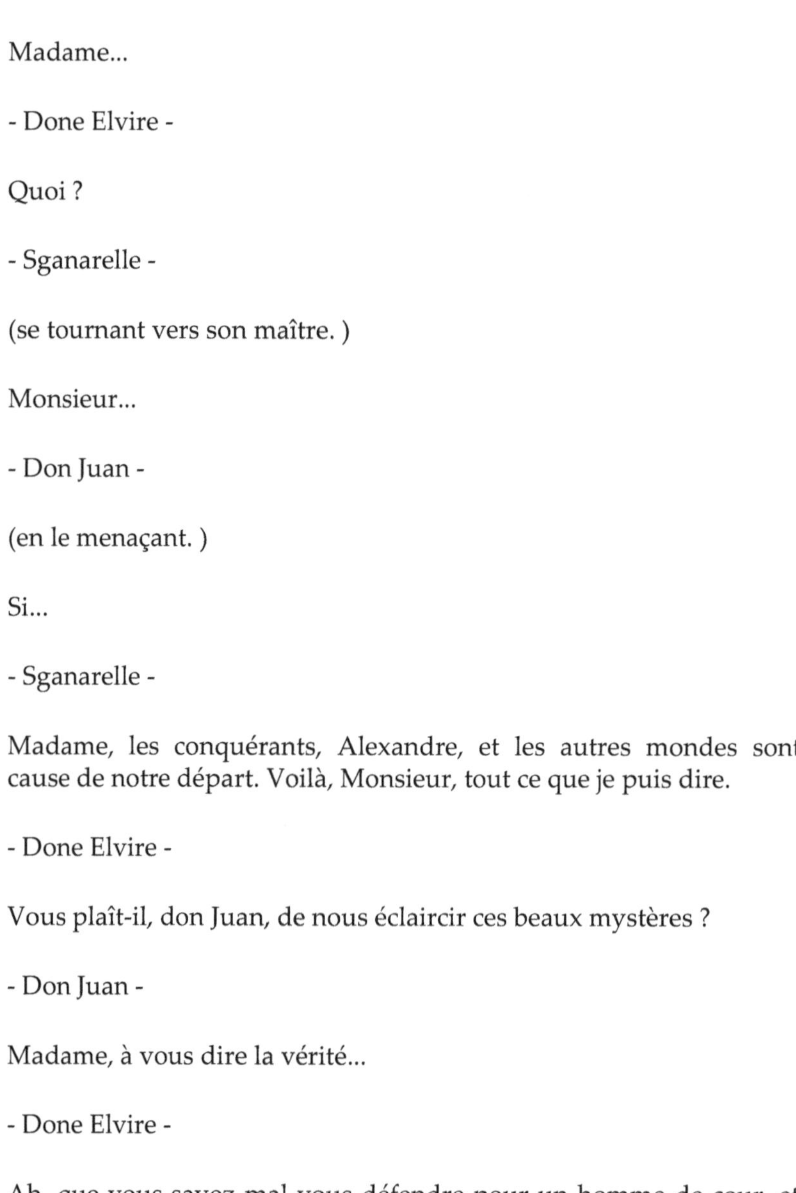

Madame...

- Done Elvire -

Quoi ?

- Sganarelle -

(se tournant vers son maître.)

Monsieur...

- Don Juan -

(en le menaçant.)

Si...

- Sganarelle -

Madame, les conquérants, Alexandre, et les autres mondes sont cause de notre départ. Voilà, Monsieur, tout ce que je puis dire.

- Done Elvire -

Vous plaît-il, don Juan, de nous éclaircir ces beaux mystères ?

- Don Juan -

Madame, à vous dire la vérité...

- Done Elvire -

Ah, que vous savez mal vous défendre pour un homme de cour, et qui doit être accoutumé à ces sortes de choses! J'ai pitié de vous voir la confusion que vous avez. Que ne vous armez-vous le front d'une noble effronterie? que ne me jurez-vous que vous êtes toujours dans les mêmes sentiments pour moi, que vous m'aimez toujours avec une ardeur sans égale, et que rien n'est capable de vous détacher de moi que la mort? que ne me dites-vous que des affaires de la dernière conséquence vous ont obligé à partir sans m'en donner avis;

qu'il faut que, malgré vous, vous demeuriez ici quelque temps, et que je n'ai qu'à m'en retourner d'où je viens, assurée que vous suivrez mes pas le plus t't qu'il vous sera possible; qu'il est certain que vous brûlez de me rejoindre, et qu'éloigné de moi vous souffrez ce que souffre un corps qui est séparé de son âme? Voilà comme il faut vous défendre, et non pas être interdit comme vous êtes.

- Don Juan -

Je vous avoue, Madame, que je n'ai point le talent de dissimuler, et que je porte un coeur sincère. Je ne vous dirai point que je suis toujours dans les mêmes sentiments pour vous, et que je brûle de vous rejoindre, puisqu'enfin il est assuré que je ne suis parti que pour vous fuir; non point pour les raisons que vous pouvez vous figurer, mais par un pur motif de conscience, et pour ne croire pas qu'avec vous davantage je puisse vivre sans péché. Il m'est venu des scrupules, Madame, et j'ai ouvert les yeux de l'âme sur ce que je faisais. J'ai fait réflexion que, pour vous épouser, je vous ai dérobée à la cl'ture d'un couvent, que vous avez rompu des voeux qui vous engageaient autre part, et que le ciel est fort jaloux de ces sortes de choses. Le repentir m'a pris, et j'ai craint le courroux céleste. J'ai cru que notre mariage n'était qu'un adultère déguisé, qu'il nous attirerait quelque disgrâce d'en haut, et qu'enfin je devais tâcher de vous oublier, et vous donner moyen de retourner à vos premières chaînes. Voudriez-vous, Madame, vous opposer à une si sainte pensée, et que j'allasse, en vous retenant, me mettre le ciel sur les bras; que pour...

- Done Elvire -

Ah! scélérat, c'est maintenant que je te connais tout entier; et, pour mon malheur, je te connais lorsqu'il n'en est plus temps, et qu'une telle connaissance ne peut plus me servir qu'à me désespérer. Mais sache que ton crime ne demeurera pas impuni, et que le même ciel dont tu te joues me saura venger de ta perfidie.

- Don Juan -

Sganarelle, le ciel !

- Sganarelle -

Vraiment oui, nous nous moquons bien de cela, nous autres.

- Don Juan -

Madame...

- Done Elvire -

Il suffit. je n'en veux pas ouïr davantage, et je m'accuse même d'en avoir trop entendu. C'est une lâcheté que de se faire expliquer trop sa honte; et sur de tels sujets, un noble coeur, au premier mot, doit prendre son parti. N'attends pas que j'éclate ici en reproches et en injures; non, non, je n'ai point un courroux à exhaler en paroles vaines, et toute sa chaleur se réserve pour sa vengeance. Je te le dis encore, le ciel te punira, perfide, de l'outrage que tu me fais, et si le ciel n'a rien que tu puisses appréhender, appréhende du moins la colère d'une femme offensée.

Scène IV. - Don Juan, Sganarelle.

- Sganarelle -

(à part.)

Si le remords le pouvait prendre !

- Don Juan -

(après un moment de réflexion.)

Allons songer à l'exécution de notre entreprise amoureuse.

- Sganarelle -

(seul.)

Ah! quel abominable maître me vois-je obligé de servir !

ACTE SECOND.

————————

Le théâtre représente une campagne au bord de la mer.

Scène I. - Charlotte, Pierrot.

- Charlotte -

Notre dinse, Piarrot, tu t'es trouvé là bien à point !

- Pierrot -

Parguienne, il ne s'en est pas fallu l'époisseur d'une éplingue, qu'ils ne se sayant nayés tous deux.

- Charlotte -

C'est donc le coup de vent d'à matin qui les avait renvarsés dans la mar ?

- Pierrot -

Aga (1), quien, Charlotte, je m'en vas te conter tout fin drait comme cela est venu: car, comme dit l'autre, je les ai le premier avisés, avisés le premier je les ai. Enfin donc j'étions sur le bord de la mar, moi et le gros Lucas, et je nous amusions à batifoler avec des mottes de tarre que je nous jesquions à la tête; car, comme tu sais bian, le gros Lucas aime à batifoler, et moi, par fouas, je batifole itou. En batifolant donc, pisque batifoler y a, j'ai aparçu de tout loin queuque chose qui grouillait dans gliau, et qui venait comme envars nous par secousse. Je voyais cela fixiblement, et pis tout d'un coup je voyais que je ne voyais plus rien. Eh! Lucas, c'ai-je fait, je pense que vlà des hommes qui nageant là-bas. Voire, ce m'a-t-il fait, t'as été au trépassement d'un chat, t'as la vue trouble (2). Palsanguienne, c'ai-je fait, je n'ai point la vue trouble, ce sont des hommes. Point du tout, ce m'a-t-il fait, t'as la barlue. Veux-tu gager, c'ai-je fait, que je n'ai point la barlue, c'ai-je fait, et que ce sont deux hommes, c'ai-je fait, qui nageant droit ici, c'ai-je fait? Morguienne, ce m'a-t-il fait, je gage que non. Oh! ça, c'ai-je fait, veux-tu gager dix sous que si? Je le veux bian, ce m'a-t-il fait, et, pour te montrer, vlà argent su jeu, ce m'a-t-il fait. Moi, je n'ai point été ni fou, ni estourdi; j'ai bravement bouté à tarre quatre pièces tapées, et cinq sous en doubles, jerniguienne, aussi hardiment que si j'avais avalé un varre de vin, car je sis hasardeux, moi, et je vas à la débandade. Je savais bian ce que je faisais pourtant. Queuque gniais! Enfin donc, je n'avons pas put't eu gagé, que j'avons vu les deux hommes tout à plain, qui nous faisiant signe de les aller querir; et moi de tirer auparavant les enjeux. Allons, Lucas, c'ai-je dit, tu vois bian qu'ils nous appelont; allons vite à leu secours. Non, ce m'a-t-il dit, ils m'ont fait pardre. Oh! donc, tanquia qu'à la parfin, pour le faire court, je l'ai tant sarmonné, que je nous sommes boutés dans une barque, et pis j'avons tant fait cahin caha, que je les avons tirés de gliau, et pis je les avons menés cheux nous auprès du feu, et pis ils se sant dépouillés tous nus pour se sécher, et pis il y en est venu encore deux de la même bande, qui s'équiant sauvés tout seuls; et pis Mathurine est arrivée là, à qui l'en a fait les doux yeux. Vlà justement, Charlotte, comme tout ça s'est fait.

- Charlotte -

Ne m'as-tu pas dit, Piarrot, qu'il y en a un qu'est bien pu mieux fait que les autres ?

- Pierrot -

Oui, c'est le maître. Il faut que ce soit queuque gros, gros monsieur, car il a du dor à son habit tout depis le haut jusqu'en bas; et ceux qui le servont sont des monsieux eux-mêmes; et stapandant, tout gros monsieu qu'il est, il serait par ma fiqué nayé si je n'aviomme été là.

- Charlotte -

Ardez (3) un peu.

- Pierrot -

Oh! parguienne, sans nous il en avait pour sa maine de fèves (4).

- Charlotte -

Est-il encore cheux toi tout nu, Piarrot ?

- Pierrot -

Nannain, ils l'avont r'habillé tout devant nous. Mon Guieu, je n'en avais jamais vu s'habiller. Que d'histoires et d'engingorniaux (5) boutont ces messieux-là les courtisans! je me pardrais là dedans pour moi; et j'étais tout ébobi de voir ça. Quien, Charlotte, ils avont des cheveux qui ne tenont point à leu tête; et ils boutont ça après tout, comme un gros bonnet de filasse. Ils ant des chemises qui ant des manches où j'entrerions tout brandis, toi et moi. En glieu d'haut-de-chausse, ils portont un garde-robe (6) aussi large que d'ici à Pâques; en glieu de pourpoint, de petites brassières qui ne leu venont pas jusqu'au brichet (7); et, en glieu de rabat, un grand mouchoir de cou à réziau aveuc quatre grosses houpes de linge qui leu pendont sur l'estomaque. Ils avont itou d'autres petits rabats au bout des bras, et de grands en tonnois de passement aux jambes, et, parmi tout ça, tant de rubans, tant de rubans, que c'est une vraie piquié. Ignia pas jusqu'aux souliers qui n'en soyont farcis tout depis un bout jusqu'à l'autre; et ils sont faits d'une façon que je me romprais le cou aveuc.

- Charlotte -

Par ma fi, Piarrot, il faut que j'aille voir un peu ça.

- Pierrot -

Oh! acoute un peu auparavant, Charlotte. J'ai queuque autre chose à te dire, moi.

- Charlotte -

Et bian! dis, qu'est-ce que c'est ?

- Pierrot -

Vois-tu, Charlotte? il faut, comme dit l'autre, que je débonde mon coeur. Je t'aime, tu le sais bian, et je sommes pour être mariés ensemble; mais marguienne, je ne suis point satisfait de toi.

- Charlotte -

Quement? qu'est-ce que c'est donc qu'iglia ?

- Pierrot -

Iglia que tu me chagraines l'esprit franchement.

- Charlotte -

Et quement donc ?

- Pierrot -

Tétiguienne, tu ne m'aimes point.

- Charlotte -

Ah! ah! n'est-ce que ça ?

- Pierrot -

Oui, ce n'est que ça, et c'est bian assez.

- Charlotte -

Mon Guieu, Piarrot, tu me viens toujou dire la même chose.

- Pierrot -

Je te dis toujou la même chose, parce que c'est toujou la même chose; et si ce n'était pas toujou la même chose, je ne te dirais pas toujou la même chose.

- Charlotte -

Mais, qu'est-ce qu'il te faut? que veux-tu ?

- Pierrot -

Jerniguienne! je veux que tu m'aimes.

- Charlotte -

Est-ce que je ne t'aime pas ?

- Pierrot -

Non, tu ne m'aimes pas; et si, je fais tout ce que je pis pour ça. Je t'achète, sans reproche, des rubans à tous les marciers qui passont; je me romps le cou à t'aller dénicher des marles; je fais jouer pour toi les vielleux quand ce vient ta fête; et tout ça comme si je me frappois la tête contre un mur. Vois-tu, ça n'est ni biau ni honnête de n'aimer pas les gens qui nous aimont.

- Charlotte -

Mais, mon Guieu, je t'aime aussi.

- Pierrot -

Oui, tu m'aimes d'une belle déguaine !

- Charlotte -

Quement veux-tu donc qu'on fasse ?

- Pierrot -

Je veux que l'en fasse comme l'en fait, quand l'en aime comme il faut.

- Charlotte -

Ne t'aimé-je pas aussi comme il faut ?

- Pierrot -

Non. Quand ça est, ça se voit, et l'en fait mille petites singeries aux personnes quand on les aime du bon du coeur. Regarde la grosse Thomasse comme elle est assotée du jeune Robain; alle est toujou autour de li à l'agacer, et ne le laisse jamais en repos. Toujou al li fait queuque niche, ou li baille queuque taloche en passant; et l'autre jour qu'il était assis sur un escabiau, al fut le tirer de dessous li, et le fit choir tout de son long par tarre. Jarni, v'là où l'en voit les gens qui aimont; mais toi, tu ne me dis jamais mot, t'es toujou là comme eune vraie souche de bois; et je passerais vingt fois devant toi, que tu ne te grouillerais pas pour me bailler le moindre coup, ou me dire la moindre chose. Ventreguienne! ça n'est pas bian, après tout: et t'es trop froide pour les gens.

- Charlotte -

Que veux-tu que j'y fasse? C'est mon himeur, et je ne me pis refondre.

- Pierrot -

Igna himeur qui quienne. Quand en a de l'amiquié pour les parsonnes, l'on en baille toujou queuque petite signifiance.

- Charlotte -

Enfin, je t'aime tout autant que je pis; et si tu n'es pas content de ça, tu n'as qu'à en aimer queuque autre.

- Pierrot -

Eh bian! vlà pas mon compte? Tétigué, si tu m'aimais, me dirais-tu ça ?

- Charlotte -

Pourquoi me viens-tu aussi tarabuster l'esprit ?

- Pierrot -

Morgué! queu mal te fais-je? Je ne te demande qu'un peu d'amiquié.

- Charlotte -

Et bien! laisse faire aussi, et ne me presse point tant. Peut-être que ça viendra tout d'un coup sans y songer.

- Pierrot -

Touche donc là, Charlotte.

- Charlotte -

(donnant sa main.)

Eh bien! quien.

- Pierrot -

Promets-moi donc que tu tâcheras de m'aimer davantage.

- Charlotte -

J'y ferai tout ce que je pourrai, mais il faut que ça vienne de lui-même. Piarrot, est-ce là ce monsieu ?

- Pierrot -

Oui, le vlà.

- Charlotte -

Ah! mon Guieu, qu'il est genti, et que ç'aurait été dommage qu'il eût été nayé !

- Pierrot -

Je revians tout à l'heure; je m'en vas boire chopine, pour me rebouter tant soit peu de la fatigue que j'ais eue.

Scène II. - Don Juan, Sganarelle, Charlotte, dans le fond du théâtre.

- Don Juan -

Nous avons manqué notre coup, Sganarelle, et cette bourrasque imprévue a renversé avec notre barque le projet que nous avions fait; mais, à te dire vrai, la paysanne que je viens de quitter répare ce malheur, et je lui ai trouvé des charmes qui effacent de mon esprit tout le chagrin que me donnait le mauvais succès de notre entreprise. Il ne faut pas que ce coeur m'échappe, et j'y ai déjà jeté des dispositions à ne pas me souffrir longtemps de pousser des soupirs.

- Sganarelle -

Monsieur, j'avoue que vous m'étonnez. A peine sommes-nous échappés d'un péril de mort, qu'au lieu de rendre grâce au ciel de la pitié qu'il a daigné prendre de nous, vous travaillez tout de nouveau à attirer sa colère par vos fantaisies accoûtumées, et vos amours cr...

(Don Juan prend un ton menaçant.)

Paix, coquin que vous êtes, vous ne savez ce que vous dites, et monsieur sait ce qu'il fait. Allons.

- Don Juan -

(apercevant Charlotte.)

Ah! ah! d'où sort cette autre paysanne, Sganarelle? As-tu rien vu de plus joli? et ne trouves-tu pas, dis-moi, que celle-ci vaut bien l'autre ?

- Sganarelle -

Assurément.

(à part.)

Autre pièce nouvelle.

- Don Juan -

(à Charlotte.)

D'où me vient, la belle, une rencontre si agréable? Quoi! dans ces lieux champêtres, parmi ces arbres et ces rochers, on trouve des personnes faites comme vous êtes.

- Charlotte -

Vous voyez, Monsieu.

- Don Juan -

Etes-vous de ce village ?

- Charlotte -

Oui, Monsieu.

- Don Juan -

Et vous y demeurez ?...

- Charlotte -

Oui, Monsieu.

- Don Juan -

Vous vous appelez ?

- Charlotte -

Charlotte, pour vous servir.

- Don Juan -

Ah! la belle personne, et que ses yeux sont pénétrants !

- Charlotte -

Monsieu, vous me rendez toute honteuse.

- Don Juan -

Ah, n'ayez point de honte d'entendre dire vos vérités. Sganarelle, qu'en dis-tu? Peut-on rien voir de plus agréable? Tournez-vous un peu, s'il vous plaît. Ah! que cette taille est jolie! Haussez un peu la tête, de grâce. Ah! que ce visage est mignon! Ouvrez vos yeux entièrement. Ah! qu'ils sont beaux! Que je voie un peu vos dents, je vous prie. Ah! qu'elles sont amoureuses, et ces lèvres appétissantes! Pour moi, je suis ravi, et je n'ai jamais vu une si charmante personne.

- Charlotte -

Monsieur, cela vous plaît à dire, et je ne sais pas si c'est pour vous railler de moi.

- Don Juan -

Moi, me railler de vous? Dieu m'en garde! je vous aime trop pour cela, et c'est du fond du coeur que je vous parle.

- Charlotte -

Je vous suis bien obligée, si ça est.

- Don Juan -

Point du tout, vous ne m'êtes point obligée de tout ce que je dis; et ce n'est qu'à votre beauté que vous en êtes redevable.

- Charlotte -

Monsieu, tout ça est trop bien dit pour moi, et je n'ai pas d'esprit pour vous répondre.

- Don Juan -

Sganarelle, regarde un peu ses mains.

- Charlotte -

Fi! Monsieu, elles sont noires comme je ne sais quoi.

- Don Juan -

Ah! que dites-vous? Elles sont les plus belles du monde; souffrez que je les baise, je vous prie.

- Charlotte -

Monsieur, c'est trop d'honneur que vous me faites; et si j'avais su ça tant't, je n'aurais pas manqué de les laver avec du son.

- Don Juan -

Eh! dites-moi un peu, belle Charlotte, vous n'êtes pas mariée, sans doute ?

- Charlotte -

Non, Monsieu; mais je dois bient't l'être avec Piarrot, le fils de la voisine Simonette.

- Don Juan -

Quoi! une personne comme vous serait la femme d'un simple paysan? Non, non, c'est profaner tant de beauté, et vous n'êtes pas née pour demeurer dans un village. Vous méritez, sans doute, une meilleure fortune; et le ciel qui le connaît bien, m'a conduit ici tout exprès pour empêcher ce mariage, et rendre justice à vos charmes; car enfin, belle Charlotte, je vous aime de tout mon coeur, et il ne tiendra qu'à vous que je vous arrache de ce misérable lieu, et ne vous mette dans l'état où vous méritez d'être. Cet amour est bien prompt, sans doute; mais quoi! c'est un effet, Charlotte, de votre grande beauté, et l'on vous aime autant en un quart d'heure qu'on ferait une autre en six mois.

- Charlotte -

Aussi vrai, Monsieu, je ne sais comment faire quand vous parlez. Ce que vous dites me fait aise, et j'aurais toutes les envies du monde de vous croire; mais on m'a toujou dit qu'il ne faut jamais croire les monsieux, et que vous autres courtisans êtes des enjoleux, qui ne songez qu'à abuser les filles.

- Don Juan -

Je ne suis pas de ces gens-là.

- Sganarelle -

Il n'a garde.

- Charlotte -

Voyez-vous, Monsieu? il n'y a pas plaisir à se laisser abuser. Je suis une pauvre paysanne; mais j'ai l'honneur en recommandation, et j'aimerais mieux me voir morte que de me voir déshonorée.

- Don Juan -

Moi, j'aurais l'âme assez méchante pour abuser une personne comme vous? je serais assez lâche pour vous déshonorer? Non, non, j'ai trop de conscience pour cela. Je vous aime, Charlotte, en tout bien et en tout honneur; et, pour vous montrer que je vous dis vrai, sachez que je n'ai point d'autre dessein que de vous épouser. En voulez-vous un plus grand témoignage? M'y voilà prêt quand vous voudrez: et je prends à témoin l'homme que voilà, de la parole que je vous donne.

- Sganarelle -

Non, non, ne craignez point. Il se mariera avec vous tant que vous voudrez.

- Don Juan -

Ah! Charlotte, je vois bien que vous ne me connaissez pas encore. Vous me faites grand tort de juger de moi par les autres; et s'il y a des fourbes dans le monde, des gens qui ne cherchent qu'à abuser les filles, vous devez me tirer du nombre, et ne pas mettre en doute la sincérité de ma foi: et puis votre beauté vous assure de tout. Quand on est faite comme vous, on doit être à couvert de toutes ces sortes de craintes: vous n'avez point l'air, croyez-moi, d'une personne qu'on abuse; et pour moi, je vous l'avoue, je me percerais le coeur de mille coups, si j'avais eu la moindre pensée de vous trahir.

- Charlotte -

Mon Dieu! je ne sais si vous dites vrai ou non; mais vous faites que l'on vous croit.

- Don Juan -

Lorsque vous me croirez, vous me rendrez justice assurément, et je vous réitère encore la promesse que je vous ai faite. Ne l'acceptez-vous pas? et ne voulez-vous pas consentir à être ma femme ?

- Charlotte -

Oui, pourvu que ma tante le veuille.

- Don Juan -

Touchez donc là, Charlotte, puisque vous le voulez bien de votre part.

- Charlotte -

Mais au moins, Monsieu, ne m'allez pas tromper, je vous prie; il y aurait de la conscience à vous, et vous voyez comme j'y vais à la bonne foi.

- Don Juan -

Comment! il semble que vous doutiez encore de ma sincérité? voulez-vous que je fasse des serments épouvantables? Que le ciel...

- Charlotte -

Mon Dieu, ne jurez point! je vous crois.

- Don Juan -

Donnez-moi donc un petit baiser pour gage de votre parole.

- Charlotte -

Oh! monsieu, attendez que je soyons mariés, je vous prie. Après ça, je vous baiserai tant que vous voudrez.

- Don Juan -

Eh bien, belle Charlotte, je veux tout ce que vous voulez, abandonnez-moi seulement votre main, et souffrez que, par mille baisers, je lui exprime le ravissement où je suis...

Scène III. - Don Juan, Sganarelle, Pierrot, Charlotte.

- Pierrot -

(poussant Don Juan qui baise la main de Charlotte.)

Tout doucement, Monsieu; tenez-vous, s'il vous plaît. Vous vous échauffez trop, et vous pourriez gagner la purésie.

- Don Juan -

(repoussant rudement Pierrot.)

Qui m'amène cet impertinent ?

- Pierrot -

(se mettant entre Don Juan et Charlotte.)

Je vous dis qu'ous vous tegniez, et qu'ous ne caressiais point nos accordées.

- Don Juan -

(repoussant encore Pierrot.)

Ah! que de bruit !

- Pierrot -

Jerniguienne! ce n'est pas comme ça qu'il faut pousser les gens.

- Charlotte -

(prenant Pierrot par le bras.)

Et laisse-le faire aussi, Piarrot.

- Pierrot -

Quement! que je le laisse faire! Je ne veux pas, moi.

- Don Juan -

Ah !

- Pierrot -

Tétiguienne! par ce qu'ous êtes monsieu, vous viendrez caresser nos femmes à notre barbe? Allez-v's-en caresser les v'tres.

- Don Juan -

Heu ?

- Pierrot -

Heu.

(Don Juan lui donne un soufflet.)

Tétigué! ne me frappez pas.

(autre soufflet.)

Oh! jerniguié !

(autre soufflet.)

Ventregué !

(autre soufflet.)

Palsangué! morguienne! ça n'est pas bian de battre les gens, et ce n'est là la récompense de v's avoir sauvé d'être nayé.

- Charlotte -

Piarrot! ne te fâche point.

- Pierrot -

Je me veux fâcher; et t'es une vilaine, toi, d'endurer qu'on te cajole.

- Charlotte -

Oh! Piarrot, ce n'est pas ce que tu penses. Ce monsieu veut m'épouser, et tu ne dois pas te bouter en colère.

- Pierrot -

Quement? Jerni! tu m'es promise.

- Charlotte -

Ça n'y fait rien, Piarrot. Si tu m'aimes, ne dois-tu pas être bien aise que je devienne madame ?

- Pierrot -

Jernigué! non. J'aime mieux te voir crevée que de te voir à un autre.

- Charlotte -

Va va, Piarrot, ne te mets point en peine. Si je sis madame, je te ferai gagner queuque chose, et tu apporteras du beurre et du fromage cheux nous.

- Pierrot -

Ventreguienne! je gni en porterai jamais, quand tu m'en payerais deux fois autant. Est-ce donc comme ça que t'écoutes ce qu'il te dit? Morguienne! si j'avais su ça tant't, je me serais bian gardé de le tirer de gliau, et je gli aurais baillé un bon coup d'aviron sur la tête.

- Don Juan -

(s'approchant de Pierrot pour le frapper.)

Qu'est-ce que vous dites ?

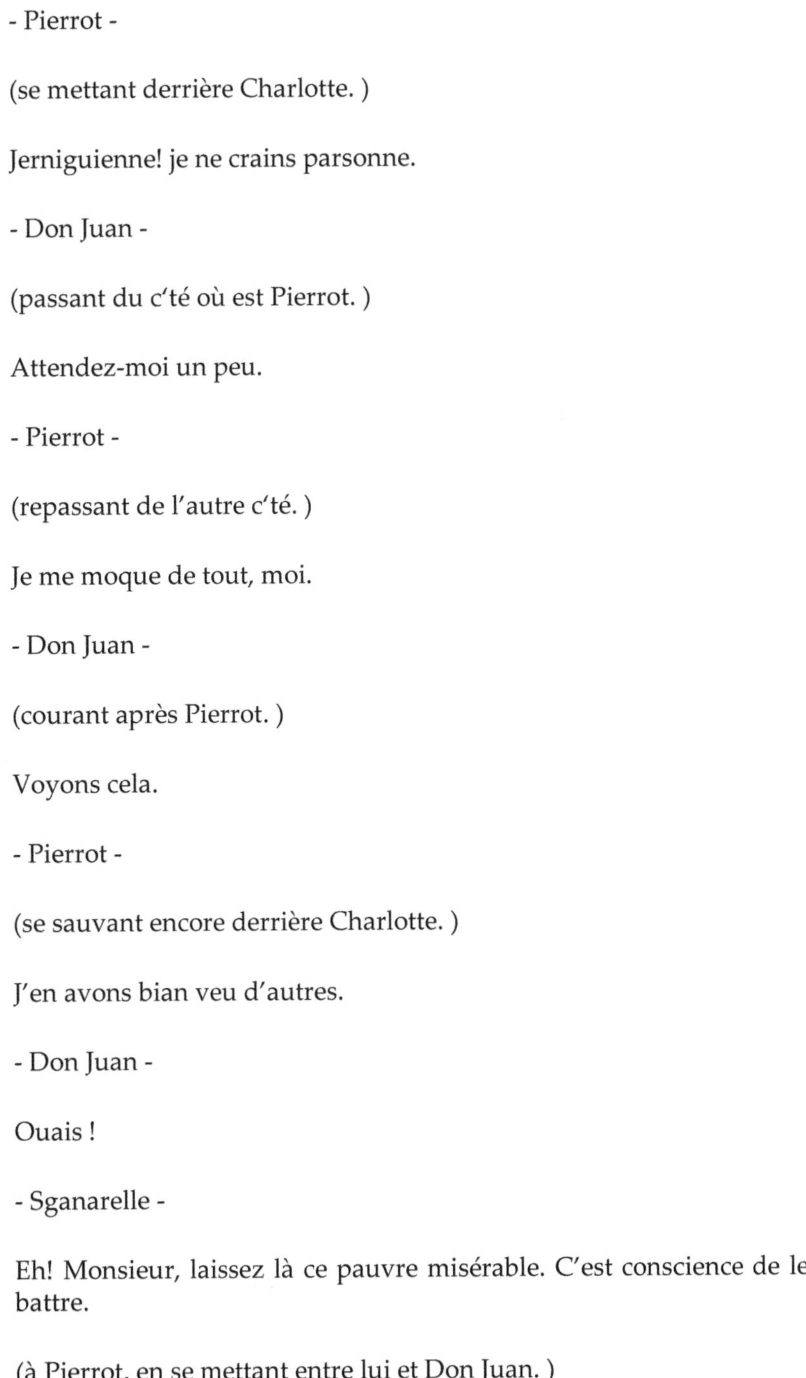

- Pierrot -

(se mettant derrière Charlotte.)

Jerniguienne! je ne crains parsonne.

- Don Juan -

(passant du c'té où est Pierrot.)

Attendez-moi un peu.

- Pierrot -

(repassant de l'autre c'té.)

Je me moque de tout, moi.

- Don Juan -

(courant après Pierrot.)

Voyons cela.

- Pierrot -

(se sauvant encore derrière Charlotte.)

J'en avons bian veu d'autres.

- Don Juan -

Ouais !

- Sganarelle -

Eh! Monsieur, laissez là ce pauvre misérable. C'est conscience de le battre.

(à Pierrot, en se mettant entre lui et Don Juan.)

Ecoute, mon pauvre garçon, retire-toi, et ne lui dis rien.

- Pierrot -

(passant devant Sganarelle, et regardant fièrement Don Juan.)

Je veux lui dire, moi !

- Don Juan -

(levant la main pour donner un soufflet à Pierrot.)

Ah! je vous apprendrai...

(Pierrot baisse la tête, et Sganarelle reçoit le soufflet.)

- Sganarelle -

(regardant Pierrot.)

Peste soit du maroufle !

- Don Juan -

(à Sganarelle.)

Te voilà payé de ta charité.

- Pierrot -

Jarni! je vas dire à sa tante tout ce ménage-ci.

Scène IV. - Don Juan, Charlotte, Sganarelle.

- Don Juan -

(à Charlotte.)

Enfin, je m'en vais être le plus heureux de tous les hommes, et je ne changerais pas mon bonheur contre toutes les choses du monde. Que de plaisirs quand vous serez ma femme, et que...

Scène V. - Don Juan, Mathurine, Charlotte, Sganarelle.

- Sganarelle -

(apercevant Mathurine.)

Ah! ah !

- Mathurine -

(à Don Juan.)

Monsieu, que faites-vous donc là avec Charlotte? Est-ce que vous lui parlez d'amour aussi ?

- Don Juan -

(bas, à Mathurine.)

Non. Au contraire, c'est elle qui me témoignait une envie d'être ma femme, et je lui répondais que j'étais engagé avec vous.

- Charlotte -

(à Don Juan.)

Qu'est-ce que c'est donc que vous veut Mathurine ?

- Don Juan -

(bas, à Charlotte.)

Elle est jalouse de me voir vous parler, et voudrait bien que je l'épousasse; mais je lui dis que c'est vous que je veux.

- Mathurine -

Quoi! Charlotte...

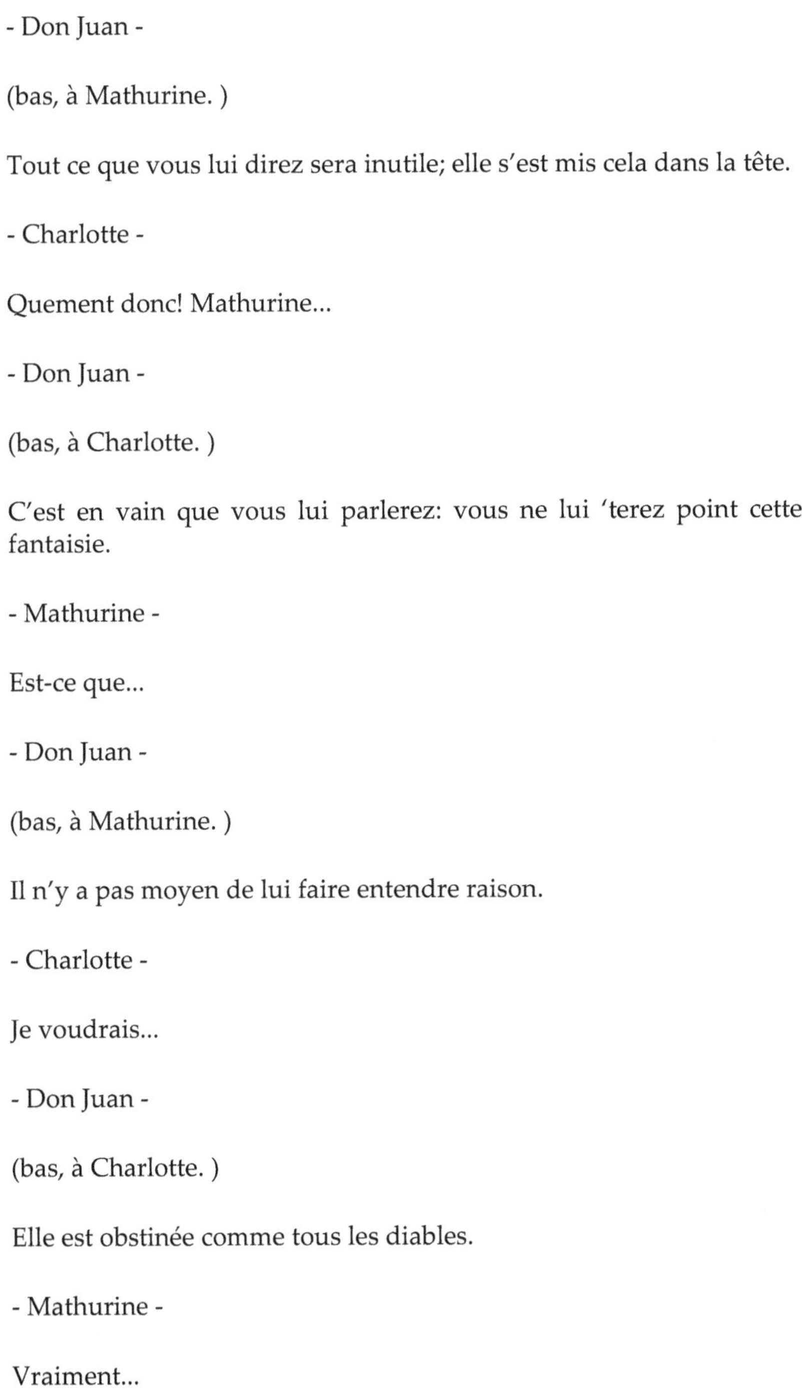

- Don Juan -

(bas, à Mathurine.)

Tout ce que vous lui direz sera inutile; elle s'est mis cela dans la tête.

- Charlotte -

Quement donc! Mathurine...

- Don Juan -

(bas, à Charlotte.)

C'est en vain que vous lui parlerez: vous ne lui 'terez point cette fantaisie.

- Mathurine -

Est-ce que...

- Don Juan -

(bas, à Mathurine.)

Il n'y a pas moyen de lui faire entendre raison.

- Charlotte -

Je voudrais...

- Don Juan -

(bas, à Charlotte.)

Elle est obstinée comme tous les diables.

- Mathurine -

Vraiment...

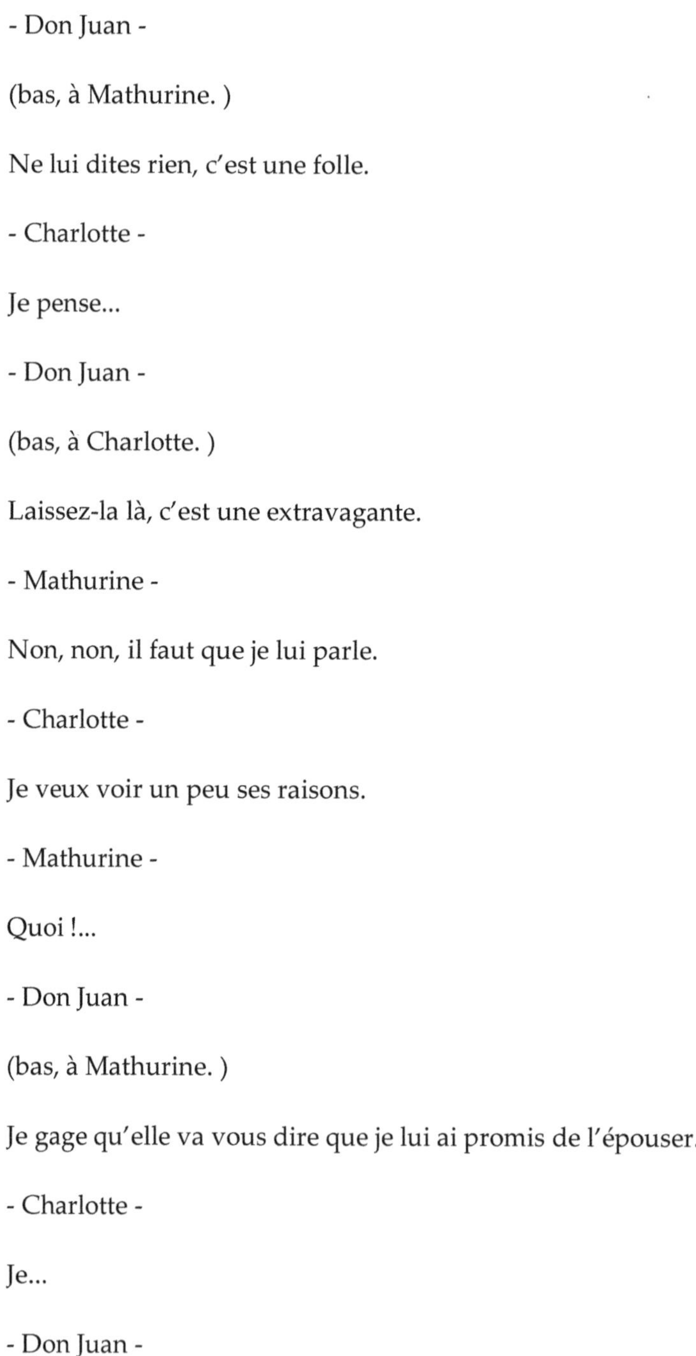

- Don Juan -

(bas, à Mathurine.)

Ne lui dites rien, c'est une folle.

- Charlotte -

Je pense...

- Don Juan -

(bas, à Charlotte.)

Laissez-la là, c'est une extravagante.

- Mathurine -

Non, non, il faut que je lui parle.

- Charlotte -

Je veux voir un peu ses raisons.

- Mathurine -

Quoi !...

- Don Juan -

(bas, à Mathurine.)

Je gage qu'elle va vous dire que je lui ai promis de l'épouser.

- Charlotte -

Je...

- Don Juan -

(bas, à Charlotte.)

Gageons qu'elle vous soutiendra que je lui ai donné parole de la prendre pour femme.

- Mathurine -

Holà! Charlotte, ça n'est pas bian de courir su le marché des autres.

- Charlotte -

Ça n'est pas honnête, Mathurine, d'être jalouse que monsieu me parle.

- Mathurine -

C'est moi que monsieu a vue la première.

- Charlotte -

S'il vous a vue la première, il m'a vue la seconde, et m'a promis de m'épouser.

- Don Juan -

(bas, à Mathurine.)

Et bien! que vous ai-je dit ?

- Mathurine -

Je vous baise les mains; c'est moi, et non pas vous qu'il a promis d'épouser.

- Don Juan -

(bas, à Charlotte.)

N'ai-je pas deviné ?

- Charlotte -

A d'autres, je vous prie; c'est moi, vous dis-je.

- Mathurine -

Vous vous moquez des gens; c'est moi, encore un coup.

- Charlotte -

Le v'là qui est pour le dire, si je n'ai pas raison.

- Mathurine -

Le v'là qui est pour me démentir, si je ne dis pas vrai.

- Charlotte -

Est-ce, Monsieu, que vous lui avez promis de l'épouser ?

- Don Juan -

(bas, à Charlotte.)

Vous vous raillez de moi.

- Mathurine -

Est-il vrai, Monsieu, que vous lui avez donné parole d'être son mari ?

- Don Juan -

(bas, à Mathurine.)

Pouvez-vous avoir cette pensée ?

- Charlotte -

Vous voyez qu'al le soutient.

- Don Juan -

(bas, à Charlotte.)

Laissez-la faire.

- Mathurine -

Vous êtes témoin comme al l'assure.

- Don Juan -

(bas, à Mathurine.)

Laissez-la dire.

- Charlotte -

Non, non, il faut savoir la vérité.

- Mathurine -

Il est question de juger ça.

- Charlotte -

Oui, Mathurine, je veux que monsieu vous montre votre bec jaune (8).

- Mathurine -

Oui, Charlotte, je veux que monsieu vous rende un peu camuse (9).

- Charlotte -

Monsieur, videz la querelle, s'il vous plaît.

- Mathurine -

Mettez-nous d'accord, Monsieu.

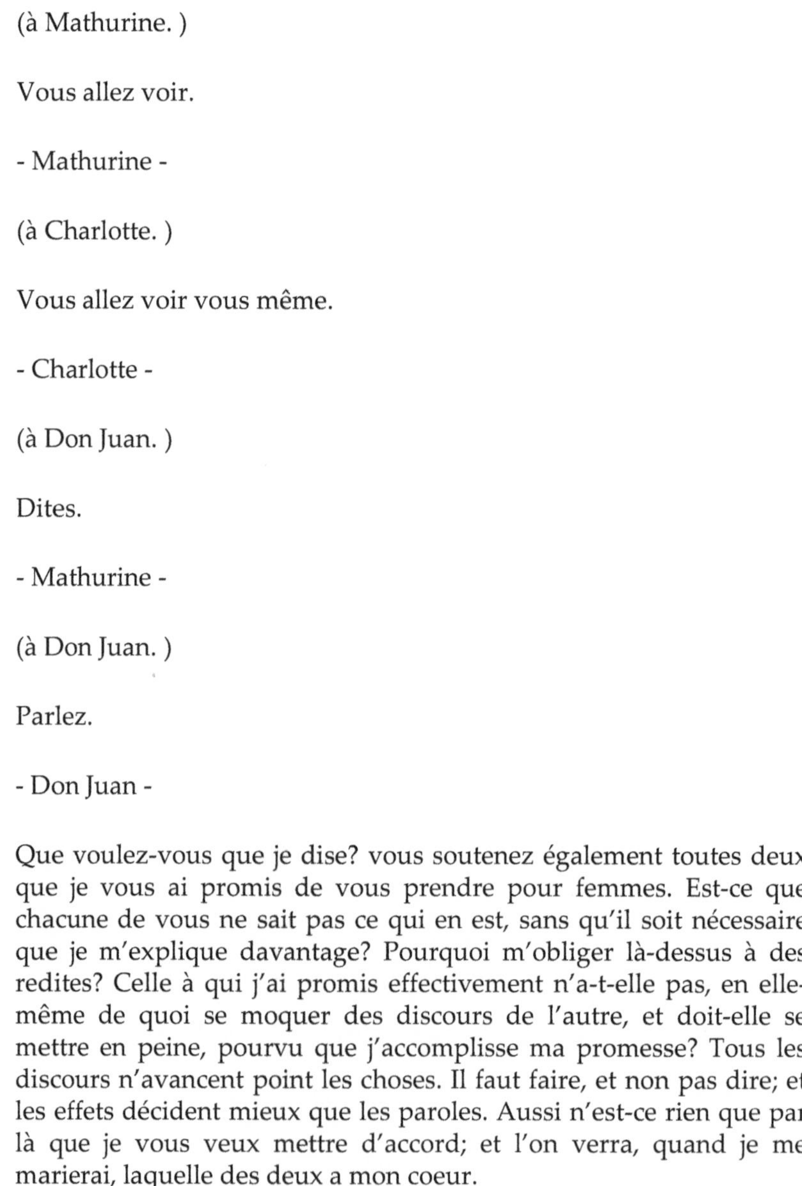

- Charlotte -

(à Mathurine.)

Vous allez voir.

- Mathurine -

(à Charlotte.)

Vous allez voir vous même.

- Charlotte -

(à Don Juan.)

Dites.

- Mathurine -

(à Don Juan.)

Parlez.

- Don Juan -

Que voulez-vous que je dise? vous soutenez également toutes deux que je vous ai promis de vous prendre pour femmes. Est-ce que chacune de vous ne sait pas ce qui en est, sans qu'il soit nécessaire que je m'explique davantage? Pourquoi m'obliger là-dessus à des redites? Celle à qui j'ai promis effectivement n'a-t-elle pas, en elle-même de quoi se moquer des discours de l'autre, et doit-elle se mettre en peine, pourvu que j'accomplisse ma promesse? Tous les discours n'avancent point les choses. Il faut faire, et non pas dire; et les effets décident mieux que les paroles. Aussi n'est-ce rien que par là que je vous veux mettre d'accord; et l'on verra, quand je me marierai, laquelle des deux a mon coeur.

(bas, à Mathurine.)

Laissez-lui croire ce qu'elle voudra.

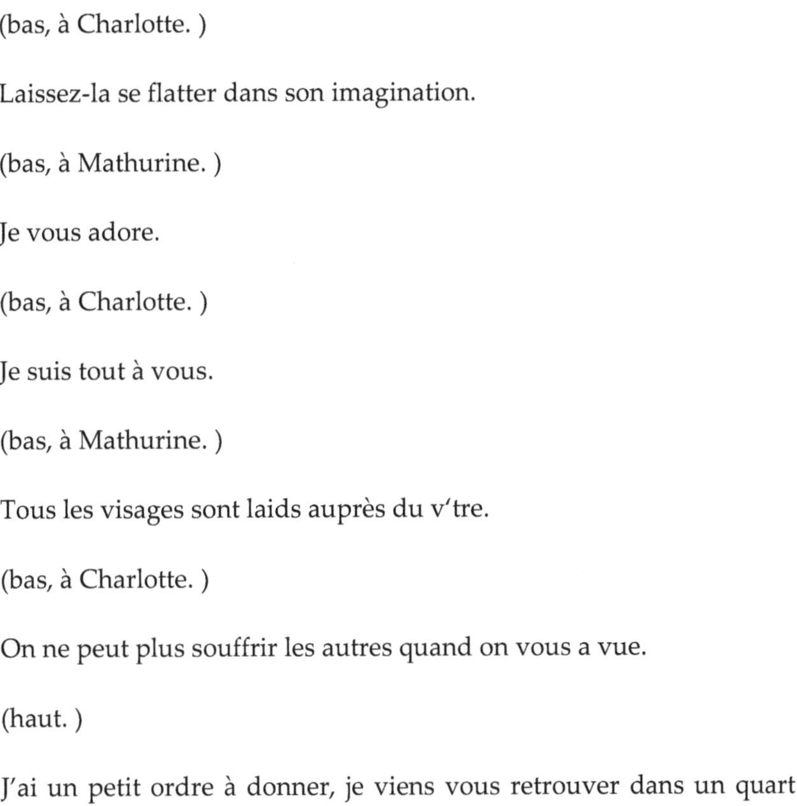

(bas, à Charlotte.)

Laissez-la se flatter dans son imagination.

(bas, à Mathurine.)

Je vous adore.

(bas, à Charlotte.)

Je suis tout à vous.

(bas, à Mathurine.)

Tous les visages sont laids auprès du v'tre.

(bas, à Charlotte.)

On ne peut plus souffrir les autres quand on vous a vue.

(haut.)

J'ai un petit ordre à donner, je viens vous retrouver dans un quart d'heure.

Scène VI. - Charlotte, Mathurine, Sganarelle.

- Charlotte -

(à Mathurine.)

Je suis celle qu'il aime, au moins.

- Mathurine -

(à Charlotte.)

C'est moi qu'il épousera.

- Sganarelle -

(arrêtant Charlotte et Mathurine.)

Ah! pauvres filles que vous êtes, j'ai pitié de votre innocence, et je ne puis souffrir de vous voir courir à votre malheur. Croyez-moi l'une et l'autre: ne vous amusez point à tous les contes qu'on vous fait, et demeurez dans votre village.

Scène VII. - Don Juan, Charlotte, Mathurine, Sganarelle.

- Don Juan -

(dans le fond du théâtre, à part.)

Je voudrais bien savoir pourquoi Sganarelle ne me suit pas.

- Sganarelle -

(à ces filles.)

Mon maître est un fourbe; il n'a dessein que de vous abuser, et en a bien abusé d'autres: c'est l'épouseur du genre humain, et...

(apercevant Don Juan.)

cela est faux; et quiconque vous dira cela, vous lui devez dire qu'il en a menti. Mon maître n'est point l'épouseur du genre humain, il n'est point fourbe, il n'a pas dessein de vous tromper, et n'en a point abusé d'autres. Ah! tenez, le voilà, demandez-le plut't à lui-même.

- Don Juan -

(regardant Sganarelle, et le soupçonnant d'avoir parlé.)

Oui !

- Sganarelle -

Monsieur, comme le monde est plein de médisants, je vais au devant des choses; et je leur disais que, si quelqu'un leur venait dire du mal de vous, elles se gardassent bien de le croire, et ne manquassent pas de lui dire qu'il en aurait menti.

- Don Juan -

Sganarelle !

- Sganarelle -

(à Charlotte et à Mathurine.)

Oui, monsieur est homme d'honneur; je le garantis tel.

- Don Juan -

Hon !

- Sganarelle -

Ce sont des impertinents.

Scène VIII. - Don Juan, La Ramée, Charlotte, Mathurine, Sganarelle.

- La Ramée -

(bas, à Don Juan.)

Monsieur, je viens vous avertir qu'il ne fait pas bon ici pour vous.

- Don Juan -

Comment ?

- La Ramée -

Douze hommes à cheval vous cherchent, qui doivent arriver ici dans un moment; je ne sais pas par quel moyen ils peuvent vous avoir suivi; mais j'ai appris cette nouvelle d'un paysan qu'ils ont interrogé, et auquel ils vous ont dépeint. L'affaire presse, et le plus t't que vous pourrez sortir d'ici sera le meilleur.

Scène IX. - Don Juan, Charlotte, Mathurine, Sganarelle.

- Don Juan -

(à Charlotte et à Mathurine.)

Une affaire pressante m'oblige de partir d'ici; mais je vous prie de vous ressouvenir de la parole que je vous ai donnée, et de croire que vous aurez de mes nouvelles avant qu'il soit demain au soir.

Scène X. - Don Juan, Sganarelle.

- Don Juan -

Comme la partie n'est pas égale, il faut user de stratagème, et éluder adroitement le malheur qui me cherche. Je veux que Sganarelle se revête de mes habits; et moi...

- Sganarelle -

Monsieur, vous vous moquez. M'exposer à être tué sous vos habits, et...

- Don Juan -

Allons vite, c'est trop d'honneur que je vous fais; et bien heureux est le valet qui peut avoir la gloire de mourir pour son maître.

- Sganarelle -

Je vous remercie d'un tel honneur.

(seul.)

O ciel! puisqu'il s'agit de mort, fais-moi la grâce de n'être point pris pour un autre !

ACTE TROISIEME.

— — — — — — — —

Le théâtre représente une forêt.

Scène I (10). - Don Juan, en habit de campagne; Sganarelle, en médecin.

- Sganarelle -

Ma foi, Monsieur, avouez que j'ai eu raison, et que nous voilà l'un et l'autre déguisés à merveille. Votre premier dessein n'était point du tout à propos, et ceci nous cache bien mieux que tout ce que vous vouliez faire.

- Don Juan -

Il est vrai que te voilà bien, et je ne sais où tu as été déterrer cet attirail ridicule.

- Sganarelle -

Oui? c'est l'habit d'un vieux médecin, qui a été laissé en gage au lieu où je l'ai pris, et il m'en a coûté de l'argent pour l'avoir. Mais savez-vous, Monsieur, que cet habit me met déjà en considération, que je suis salué des gens que je rencontre, et que l'on me vient consulter ainsi qu'un habile homme ?

- Don Juan -

Comment donc ?

- Sganarelle -

Cinq ou six paysans et paysannes, en me voyant passer, me sont venus demander mon avis sur différentes maladies.

- Don Juan -

Tu leur as répondu que tu n'y entendais rien ?

- Sganarelle -

Moi? point du tout. J'ai voulu soutenir l'honneur de mon habit: j'ai raisonné sur le mal, et leur ai fait des ordonnances à chacun.

- Don Juan -

Et quels remèdes encore leur as-tu ordonnés ?

- Sganarelle -

Ma foi, Monsieur, j'en ai pris par où j'en ai pu attraper; j'ai fait mes ordonnances à l'aventure, et ce serait une chose plaisante si les malades guérissaient, et qu'on m'en vînt remercier.

- Don Juan -

Et pourquoi non? Par quelle raison n'aurais-tu pas les mêmes privilèges qu'ont tous les autres médecins? Ils n'ont pas plus de part que toi aux guérisons des malades, et tout leur art est pure grimace. Ils ne font rien que recevoir la gloire des heureux succès; et tu peux profiter, comme eux, du bonheur du malade, et voir attribuer à tes remèdes tout ce qui peut venir des faveurs du hasard et des forces de la nature.

- Sganarelle -

Comment, Monsieur, vous êtes aussi impie en médecine ?

- Don Juan -

C'est une des grandes erreurs qui soient parmi les hommes.

- Sganarelle -

Quoi! vous ne croyez pas au séné, ni à la casse, ni au vin émétique ?

- Don Juan -

Et pourquoi veux-tu que j'y croie ?

- Sganarelle -

Vous avez l'âme bien mécréante. Cependant vous voyez depuis un temps que le vin émétique fait bruire ses fuseaux. Ses miracles ont converti les plus incrédules esprits: et il n'y a pas trois semaines que j'en ai vu, moi qui vous parle, un effet merveilleux.

- Don Juan -

Et quel ?

- Sganarelle -

Il y avait un homme qui, depuis six jours, était à l'agonie; on ne savait plus que lui ordonner, et tous les remèdes ne faisaient rien; on s'avisa à la fin de lui donner de l'émétique.

- Don Juan -

Il réchappa, n'est-ce pas ?

- Sganarelle -

Non, il mourut.

- Don Juan -

L'effet est admirable.

- Sganarelle -

Comment! il y avait six jours entiers qu'il ne pouvait mourir, et cela le fit mourir tout d'un coup. Voulez-vous rien de plus efficace ?

- Don Juan -

Tu as raison.

- Sganarelle -

Mais laissons la médecine où vous ne croyez point, et parlons des autres choses; car cet habit me donne de l'esprit, et je me sens en humeur de disputer contre vous. Vous savez bien que vous me permettez les disputes, et que vous ne me défendez que les remontrances.

- Don Juan -

Eh bien ?

- Sganarelle -

Je veux savoir un peu vos pensées à fond. Est-il possible que vous ne croyez point du tout au ciel ?

- Don Juan -

Laissons cela.

- Sganarelle -

C'est-à-dire que non. Et à l'enfer ?

- Don Juan -

Eh !

- Sganarelle -

Tout de même. Et au diable s'il vous plaît ?

- Don Juan -

Oui, oui.

- Sganarelle -

Aussi peu. Ne croyez-vous point à l'autre vie ?

- Don Juan -

Ah! ah! ah !

- Sganarelle -

Voilà un homme que j'aurai bien de la peine à convertir. Et dites-moi un peu, [le moine bourru, qu'en croyez-vous? eh !

- Don Juan -

La peste soit du fat !

- Sganarelle -

Et voilà ce que je ne puis souffrir: car il n'y a rien de plus vrai que le moine bourru, et je me ferais pendre pour celui-là (11). Mais] encore faut-il croire quelque chose [dans le monde], qu'est-ce [donc] que vous croyez ?

- Don Juan -

Ce que je crois ?

- Sganarelle -

Oui.

- Don Juan -

Je crois que deux et deux sont quatre, Sganarelle, et que quatre et quatre sont huit.

- Sganarelle -

La belle croyance [et les beaux articles de foi] que voilà! Votre religion, à ce que je vois, est donc l'arithmétique? Il faut avouer qu'il se met d'étranges folies dans la tête des hommes, et que, pour avoir bien étudié, on est bien moins sage le plus souvent. Pour moi, Monsieur, je n'ai point étudié comme vous, Dieu merci, et personne ne saurait se vanter de m'avoir jamais rien appris; mais avec mon petit sens, mon petit jugement, je vois les choses mieux que tous les livres, et je comprends fort bien que ce monde que nous voyons n'est pas un champignon qui soit venu tout seul en une nuit. Je voudrais bien vous demander qui a fait ces arbres-là, ces rochers, cette terre, et ce ciel que voilà là-haut; et si tout cela s'est bâti de lui-même. Vous voilà, vous, par exemple, vous êtes là: est-ce que vous vous êtes fait tout seul, et n'a-t-il pas fallu que votre père ait engrossé votre mère pour vous faire? Pouvez-vous voir toutes les inventions dont la machine de l'homme est composée, sans admirer de quelle façon cela est agencé l'un dans l'autre? ces nerfs, ces os, ces veines, ces artères, ces... ce poumon, ce coeur, ce foie, et tous ces autres ingrédients qui sont là, et qui... Oh! dame, interrompez-moi donc, si vous voulez. Je ne saurais disputer si l'on ne m'interrompt. Vous vous taisez exprès, et me laissez parler par belle malice.

- Don Juan -

J'attends que ton raisonnement soit fini.

- Sganarelle -

Mon raisonnement est qu'il y a quelque chose d'admirable dans l'homme, quoi que vous puissiez dire, que tous les savants ne sauraient expliquer. Cela n'est-il pas merveilleux que me voilà ici, et que j'aie quelque chose dans la tête qui pense cent choses différentes en un moment, et fait de mon corps tout ce qu'elle veut? Je veux frapper des mains, hausser le bras, lever les yeux au ciel, baisser la tête, remuer les pieds, aller à droite, à gauche, en avant, en arrière, tourner...

(Il se laisse tomber en tournant.)

- Don Juan -

Bon! Voilà ton raisonnement qui a le nez cassé.

- Sganarelle -

Morbleu! je suis bien sot de m'amuser à raisonner avec vous; croyez ce que vous voudrez, il m'importe bien que vous soyez damné !

- Don Juan -

Mais tout en raisonnant, je crois que nous nous sommes égarés. Appelle un peu cet homme que voilà là-bas, pour lui demander le chemin.

Scène II. - Don Juan, Sganarelle, un pauvre.

- Sganarelle -

Holà! ho! l'homme! ho! mon compère! ho! l'ami! un petit mot, s'il vous plaît. Enseignez-nous un peu le chemin qui mène à la ville.

- Le pauvre -

Vous n'avez qu'à suivre cette route, Messieurs, et détourner à main droite quand vous serez au bout de la forêt; mais je vous donne avis que vous devez vous tenir sur vos gardes, et que, depuis quelque temps, il y a des voleurs ici autour.

- Don Juan -

Je te suis obligé, mon ami, et je te rends grâce de tout mon coeur.

- Le pauvre -

Si vous vouliez me secourir, Monsieur, de quelque aum'ne ?

- Don Juan -

Ah! ah! ton avis est intéressé, à ce que je vois.

- Le pauvre -

Je suis un pauvre homme, Monsieur, retiré tout seul dans le bois depuis dix ans, et je ne manquerai pas de prier le ciel qu'il vous donne toute sorte de biens.

- Don Juan -

Eh! prie le qu'il te donne un habit, sans te mettre en peine des affaires des autres.

- Sganarelle -

Vous ne connaissez pas monsieur, bonhomme; il ne croit qu'en deux et deux sont quatre, et en quatre et quatre sont huit.

- Don Juan -

Quelle est ton occupation parmi ces arbres ?

- Le pauvre -

De prier le ciel tout le jour pour la prospérité des gens de bien qui me donnent quelque chose.

- Don Juan -

Il ne se peut donc pas que tu ne sois bien à ton aise ?

- Le pauvre -

Hélas! Monsieur, je suis dans la plus grande nécessité du monde.

- Don Juan -

Tu te moques: un homme qui prie le ciel tout le jour ne peut pas manquer d'être bien dans ses affaires.

- Le pauvre -

Je vous assure, Monsieur, que le plus souvent je n'ai pas un morceau de pain à mettre sous les dents.

- Don Juan -

Voilà qui est étrange, et tu es bien mal reconnu de tes soins. Ah! ah! je m'en vais te donner un louis d'or tout à l'heure, pourvu que tu veuilles jurer.

- Le pauvre -

Ah! Monsieur, voudriez-vous que je commisse un tel péché ?

- Don Juan -

Tu n'as qu'à voir si tu veux gagner un louis d'or, ou non; en voici un que je te donne, si tu jures. Tiens: il faut jurer.

- Le pauvre -

Monsieur...

- Don Juan -

A moins de cela, tu ne l'auras pas.

- Sganarelle -

Va, va, jure un peu: il n'y a pas de mal.

- Don Juan -

Prends, le voilà, prends, te dis-je; mais jure donc.

- Le pauvre -

Non, Monsieur, j'aime mieux mourir de faim.

- Don Juan -

Va va, je te le donne pour l'amour de l'humanité.

(Regardant dans la forêt.)

Mais que vois-je là? un homme attaqué par trois autres! La partie est trop inégale, et je ne dois pas souffrir cette lâcheté.

(Il met l'épée à la main, et court au lieu du combat.)

Scène III. - Sganarelle.

- Sganarelle -

Mon maître est un vrai enragé, d'aller se présenter à un péril qui ne le cherche pas. Mais, ma foi, le secours a servi, et les deux ont fait fuir les trois.

Scène IV. - Don Juan, Don Carlos, Sganarelle, au fond de théâtre.

- Don Carlos -

(remettant son épée.)

On voit, par la fuite de ces voleurs, de quel secours est votre bras. Souffrez, Monsieur, que je vous rende grâces d'une action si généreuse, et que...

- Don Juan -

Je n'ai rien fait, Monsieur, que vous n'eussiez fait en ma place. Notre propre honneur est intéressé dans de pareilles aventures; et l'action de ces coquins était si lâche, que c'eût été y prendre part que de ne s'y pas opposer. Mais par quelle rencontre vous êtes-vous trouvé entre leurs mains ?

- Don Carlos -

Je m'étais, par hasard, égaré d'un frère et de tous ceux de notre suite; et comme je cherchais à les rejoindre, j'ai fait rencontre de ces voleurs, qui d'abord ont tué mon cheval, et qui sans votre valeur en auraient fait autant de moi.

- Don Juan -

Votre dessein est-il d'aller du c'té de la ville ?

- Don Carlos -

Oui, mais sans y vouloir entrer; et nous nous voyons obligés, mon frère et moi, à tenir la campagne pour une de ces fâcheuses affaires qui réduisent les gentilshommes à se sacrifier, eux et leur famille, à la sévérité de leur honneur, puisqu'enfin le plus doux succès en est toujours funeste, et que, si l'on ne quitte pas la vie, on est contraint de quiter le royaume; et c'est en quoi je trouve la condition d'un gentilhomme malheureuse, de ne pouvoir point s'assurer sur toute la prudence et toute l'honnêteté de sa conduite, d'être asservi par les lois de l'honneur au dérèglement de la conduite d'autrui, et de voir sa vie, son repos et ses biens dépendre de la fantaisie du premier téméraire qui s'avisera de lui faire une de ces injures pour qui un honnête homme doit périr.

- Don Juan -

On a cet avantage, qu'on fait courir le même risque et passer mal aussi le temps à ceux qui prennent fantaisie de nous venir faire une offense de gaieté de coeur. Mais ne serait-ce point une indiscrétion que de vous demander quelle peut être votre affaire ?

- Don Carlos -

La chose en est aux termes de n'en plus faire de secret; et lorsque l'injure a une fois éclaté, notre honneur ne va point à vouloir cacher notre honte, mais à faire éclater notre vengeance, et à publier même le dessein que nous en avons. Ainsi, Monsieur, je ne feindrai point de vous dire que l'offense que nous cherchons à venger est une soeur séduite et enlevée d'un couvent, et que l'auteur de cette offense est un Don Juan Tenorio, fils de Don Louis Tenorio. Nous le cherchons depuis quelques jours, et nous l'avons suivi ce matin sur le rapport d'un valet, qui nous a dit qu'il sortait à cheval, accompagné de quatre ou cinq, et qu'il avait pris le long de cette c'te; mais tous nos soins ont été inutiles, et nous n'avons pu découvrir ce qu'il est devenu.

- Don Juan -

Le connaissez-vous, Monsieur, ce Don Juan dont vous parlez ?

- Don Carlos -

Non, quant à moi; je ne l'ai jamais vu, et je l'ai seulement ouï dépeindre à mon frère, mais la renommée n'en dit pas force bien, et c'est un homme dont la vie...

- Don Juan -

Arrêtez, Monsieur, s'il vous plaît. Il est un peu de mes amis, et ce serait à moi une espèce de lâcheté que d'en ouïr dire du mal.

- Don Carlos -

Pour l'amour de vous, Monsieur, je n'en dirai rien du tout, et c'est bien la moindre chose que je vous doive, après m'avoir sauvé la vie, que de me taire devant vous d'une personne que vous connaissez, lorsque je ne puis en parler sans en dire du mal; mais quelque ami que vous lui soyez, j'ose espérer que vous n'approuverez pas son action, et ne trouverez pas étrange que nous cherchions d'en prendre la vengeance.

- Don Juan -

Au contraire, je vous y veux servir, et vous épargner des soins inutiles. Je suis ami de don Juan, je ne puis pas m'en empêcher; mais il n'est pas raisonnable qu'il offense impunément des gentilshommes, et je m'engage à vous faire faire raison par lui.

- Don Carlos -

Et quelle raison peut-on faire à ces sortes d'injures ?

- Don Juan -

Toute celle que votre honneur peut souhaiter; et sans vous donner la peine de chercher Don Juan davantage, je m'oblige à le faire trouver au lieu que vous voudrez, et quand il vous plaira.

- Don Carlos -

Cet espoir est bien doux, Monsieur, à des coeurs offensés; mais, après ce que je vous dois, ce me serait une trop sensible douleur que vous fussiez de la partie.

- Don Juan -

Je suis si attaché à don Juan, qu'il ne saurait se battre que je ne me batte aussi: mais enfin j'en réponds comme de moi-même, et vous n'avez qu'à dire quand vous voulez qu'il paraisse, et vous donne satisfaction.

- Don Carlos -

Que ma destinée est cruelle! faut-il que je vous doive la vie, et que D. Juan soit de vos amis !

Scène V. - Don Alonse, Don Carlos, Don Juan, Sganarelle.

- Don Alonse -

(parlant à ceux de sa suite, sans voir Don Carlos ni Don Juan.)

Faites boire là mes chevaux, et qu'on les amène après nous: je veux un peu marcher à pied.

(les apercevant tous les deux.)

O ciel, que vois-je ici? Quoi! mon frère, vous voila avec notre ennemi mortel !

- Don Carlos -

Notre ennemi mortel ?

- Don Juan -

(mettant la main sur la garde de son épée.)

Oui, je suis Don Juan moi-même; et l'avantage du nombre ne m'obligera pas à vouloir déguiser mon nom.

- Don Alonse -

(mettant l'épée à la main.)

Ah, traître, il faut que tu périsses, et...

(Sganarelle court se cacher.)

- Don Carlos -

Ah! mon frère, arrêtez. Je lui suis redevable de la vie; et, sans le secours de son bras, j'aurais été tué par des voleurs que j'ai trouvés.

- Don Alonse -

Et voulez-vous que cette considération empêche notre vengeance? Tous les services que nous rend une main ennemie, ne sont d'aucun mérite pour engager notre âme; et s'il faut mesurer l'obligation à l'injure, votre reconnaissance, mon frère, est ici ridicule; et comme l'honneur est infiniment plus précieux que la vie, c'est ne devoir rien proprement que d'être redevable de la vie à qui nous a 'té l'honneur.

- Don Carlos -

Je sais la différence, mon frère, qu'un gentilhomme doit toujours mettre entre l'un et l'autre; et la reconnaissance de l'obligation n'efface point en moi le ressentiment de l'injure; mais souffrez que je lui rende ici ce qu'il m'a prêté, que je m'acquitte sur-le-champ de la vie que je lui dois, par un delai de notre vengeance, et lui laisse la liberté de jouir, durant quelques jours, du fruit de son bienfait.

- Don Alonse -

Non, non, c'est hasarder notre vengeance que de la reculer, et l'occasion de la prendre peut ne plus revenir. Le ciel nous l'offre ici, c'est à nous d'en profiter. Lorsque l'honneur est blessé mortellement, on ne doit point songer à garder aucunes mesures; et si vous répugnez à prêter votre bras à cette action, vous n'avez qu'à vous retirer, et laisser à ma main la gloire d'un tel sacrifice.

- Don Carlos -

De grâce, mon frère...

- Don Alonse -

Tous ces discours sont superflus: il faut qu'il meure.

- Don Carlos -

Arrêtez, vous dis-je, mon frère. Je ne souffrirai point du tout qu'on attaque ses jours; et je jure le ciel que je le défendrai ici contre qui que ce soit, et je saurai lui faire un rempart de cette même vie qu'il a sauvée; et, pour adresser vos coups, il faudra que vous me perciez.

- Don Alonse -

Quoi! vous prenez le parti de notre ennemi contre moi, et, loin d'être saisi à son aspect des mêmes transports que je sens, vous faites voir pour lui des sentiments pleins de douceur !

- Don Carlos -

Mon frère, montrons de la modération dans une action légitime; et ne vengeons point notre honneur avec cet emportement que vous témoignez. Ayons du coeur dont nous soyons les maîtres, une valeur qui n'ait rien de farouche, et qui se porte aux choses par une pure délibération de notre raison, et non point par le mouvement d'une aveugle colère. Je ne veux point, mon frère, demeurer redevable à mon ennemi, je lui ai une obligation dont il faut que je m'acquitte avant toute chose. Notre vengeance, pour être différée, n'en sera pas moins éclatante; au contraire, elle en tirera de l'avantage, et cette occasion de l'avoir pu prendre la fera paraître plus juste aux yeux de tout le monde.

- Don Alonse -

O l'étrange faiblesse, et l'aveuglement effroyable, de hasarder ainsi les intérêts de son honneur pour la ridicule pensée d'une obligation chimérique !

- Don Carlos -

Non, mon frère, ne vous mettez pas en peine. Si je fais une faute, je saurai bien la réparer, et je me charge de tout le soin de notre honneur; je sais à quoi il nous oblige, et cette suspension d'un jour, que ma reconnaissance lui demande, ne fera qu'augmenter l'ardeur que j'ai de le satisfaire. Don Juan, vous voyez que j'ai soin de vous rendre le bien que j'ai reçu de vous, et vous devez par là juger du reste, croire que je m'acquitte avec la même chaleur de ce que je dois, et que je ne serai pas moins exact à vous payer l'injure que le bienfait. Je ne veux point vous obliger ici à expliquer vos sentiments, et je vous donne la liberté de penser à loisir aux résolutions que vous avez à prendre. Vous connaissez assez la grandeur de l'offense que vous nous avez faite, et je vous fais juge vous même des réparations qu'elle demande. Il est des moyens doux pour nous satisfaire; il en est de violents et de sanglants: mais enfin, quelque choix que vous fassiez, vous m'avez donné parole de me faire faire raison par Don

Juan. Songez à me la faire, je vous prie, et vous ressouvenez que, hors d'ici, je ne dois plus qu'à mon honneur.

- Don Juan -

Je n'ai rien exigé de vous, et vous tiendrai ce que j'ai promis.

- Don Carlos -

Allons, mon frère; un moment de douceur ne fait aucune injure à la sévérité de notre devoir.

Scène VI. - Don Juan, Sganarelle.

- Don Juan -

Holà! hé! Sganarelle !

- Sganarelle -

(sortant de l'endroit où il était caché.)

Plaît-il ?

- Don Juan -

Comment! coquin, tu fuis quand on m'attaque ?

- Sganarelle -

Pardonnez-moi, Monsieur, je viens seulement d'ici près. Je crois que cet habit est purgatif, et que c'est prendre médecine que de le porter.

- Don Juan -

Peste soit l'insolent! Couvre au moins ta poltronnerie d'un voile plus honnête. Sais-tu bien qui est celui à qui j'ai sauvé la vie ?

- Sganarelle -

Moy? non.

- Don Juan -

C'est un frère d'Elvire.

- Sganarelle -

Un...

- Don Juan -

Il est assez honnête homme, il en a bien usé, et j'ai regret d'avoir démêlé avec lui.

- Sganarelle -

Il vous serait aisé de pacifier toutes choses.

- Don Juan -

Oui; mais ma passion est usée pour Done Elvire, et l'engagement ne compatit point avec mon humeur. J'aime la liberté en amour, tu le sais, et je ne saurais me résoudre à renfermer mon coeur entre quatre murailles. Je te l'ai dit vingt fois, j'ai une pente naturelle à me laisser aller à tout ce qui m'attire. Mon coeur est à toutes les belles, et c'est à elles à le prendre tour à tour, et à le garder tant qu'elles le pourront. Mais quel est le superbe édifice que je vois entre ces arbres ?

- Sganarelle -

Vous ne le savez pas ?

- Don Juan -

Non vraiment.

- Sganarelle -

Bon! c'est le tombeau que le commandeur faisait faire lors que vous le tuâtes.

- Don Juan -

Ah! tu as raison. Je ne savais pas que c'était de ce c'té-ci qu'il était. Tout le monde m'a dit des merveilles de cet ouvrage, aussi bien que de la statue du commandeur, et j'ai envie de l'aller voir.

- Sganarelle -

Monsieur, n'allez point là.

- Don Juan -

Pourquoi ?

- Sganarelle -

Cela n'est pas civil, d'aller voir un homme que vous avez tué.

- Don Juan -

Au contraire, c'est une visite dont je lui veux faire civilité, et qu'il doit recevoir de bonne grâce, s'il est galant homme. Allons, entrons dedans.

(Le tombeau s'ouvre, où l'on voit la statue du commandeur.)

- Sganarelle -

Ah! que cela est beau! les belles statues! le beau marbre! les beaux piliers! ah! que cela est beau! qu'en dites-vous, Monsieur ?

- Don Juan -

Qu'on ne peut voir aller plus loin l'ambition d'un homme mort; et ce que je trouve admirable, c'est qu'un homme qui s'est passé durant sa vie d'une assez simple demeure, en veuille avoir une si magnifique pour quand il n'en a plus que faire.

- Sganarelle -

Voici la statue du commandeur.

- Don Juan -

Parbleu! le voilà bon, avec son habit d'empereur romain !

- Sganarelle -

Ma foi, Monsieur, voilà qui est bien fait. Il semble qu'il est en vie, et qu'il s'en va parler. Il jette des regards sur nous qui me feraient peur si j'étais tout seul, et je pense qu'il ne prend pas plaisir de nous voir.

- Don Juan -

Il aurait tort; et ce serait mal recevoir l'honneur que je lui fais. Demande-lui s'il veut venir souper avec moi.

- Sganarelle -

C'est une chose dont il n'a pas besoin, je crois.

- Don Juan -

Demande-lui, te dis-je.

- Sganarelle -

Vous moquez-vous? Ce serait être fou, que d'aller parler à une statue.

- Don Juan -

Fais ce que je te dis.

- Sganarelle -

Quelle bizarrerie! Seigneur commandeur...

(à part.)

je ris de ma sottise, mais c'est mon maître qui me la fait faire.

(haut.)

Seigneur commandeur, mon maître Don Juan vous demande si vous voulez lui faire l'honneur de venir souper avec lui.

(La statue baisse la tête.)

Ah !

- Don Juan -

Qu'est-ce? qu'as-tu? Dis donc, veux-tu parler ?

- Sganarelle -

(baissant la tête comme la statue.)

La statue...

- Don Juan -

Et bien, que veux-tu dire, traître ?

- Sganarelle -

Je vous dis que la statue...

- Don Juan -

Et bien! la statue? je t'assomme, si tu ne parles.

- Sganarelle -

La statue m'a fait signe.

- Don Juan -

La peste le coquin !

- Sganarelle -

Elle m'a fait signe, vous dis-je, il n'est rien de plus vrai. Allez-vous-en lui parler vous-même pour voir. Peut-être...

- Don Juan -

Viens, maraud, viens. Je te veux bien faire toucher au doigt ta poltronnerie. Prends garde. Le seigneur commandeur voudrait-il venir souper avec moi ?

(La statue baisse encore la tête.)

- Sganarelle -

Je ne voudrais pas en tenir dix pistoles. Eh bien! Monsieur ?

- Don Juan -

Allons, sortons d'ici.

- Sganarelle -

(seul.)

Voilà de mes esprits forts, qui ne veulent rien croire !

ACTE QUATRIEME.

— — — — — — — —

Le théâtre représente l'appartement de Don Juan.

Scène I. - Don Juan, Sganarelle, Ragotin.

- Don Juan -

(à Sganarelle.)

Quoi qu'il en soit, laissons cela; c'est une bagatelle, et nous pouvons avoir été trompés par un faux jour, ou surpris de quelque vapeur qui nous ait troublé la vue.

- Sganarelle -

Eh! Monsieur, ne cherchez point à démentir ce que nous avons vu des yeux que voilà. Il n'est rien de plus véritable que ce signe de tête, et je ne doute point que le ciel, scandalisé de votre vie, n'ait produit ce miracle pour vous convaincre, et pour vous retirer de...

- Don Juan -

Ecoute. Si tu m'importunes davantage de tes sottes moralités, si tu me dis encore le moindre mot là-dessus, je vais appeler quelqu'un, demander un nerf de boeuf, te faire tenir par trois ou quatre, et te rouer de mille coups. M'entends-tu bien ?

- Sganarelle -

Fort bien, Monsieur, le mieux du monde. Vous vous expliquez clairement; c'est ce qu'il y a de bon en vous, que vous n'allez point chercher de détours: vous dites les choses avec une netteté admirable.

- Don Juan -

Allons, qu'on me fasse souper le plus t't que l'on pourra. Une chaise, petit garçon.

Scène II. - Don Juan, Sganarelle, La Violette, Ragotin.

- La Violette -

Monsieur, voilà votre marchand, monsieur Dimanche qui demande à vous parler.

- Sganarelle -

Bon! voilà ce qu'il nous faut, qu'un compliment de créancier. De quoi s'avise-t-il de nous venir demander de l'argent; et que ne lui disais-tu que monsieur n'y est pas ?

- La Violette -

Il y a trois quarts d'heure que je lui dis; mais il ne veut pas le croire, et s'est assis là-dedans pour attendre.

- Sganarelle -

Qu'il attende tant qu'il voudra.

- Don Juan -

Non, au contraire, faites-le entrer. C'est une fort mauvaise politique que de se faire celer aux créanciers. Il est bon de les payer de quelque chose; et j'ai le secret de les renvoyer satisfaits, sans leur donner un double.

Scène III. - Don Juan, Monsieur Dimanche, Sganarelle, La Violette, Ragotin.

- Don Juan -

Ah! monsieur Dimanche, approchez. Que je suis ravi de vous voir, et que je veux de mal à mes gens de ne vous pas faire entrer d'abord! J'avais donné ordre qu'on ne me fît parler à personne, mais cet ordre n'est pas pour vous, et vous êtes en droit de ne trouver jamais de porte fermée chez moi.

- Monsieur Dimanche -

Monsieur, je vous suis fort obligé.

- Don Juan -

(parlant à la Violette et à Ragotin.)

Parbleu! coquins, je vous apprendrai à laisser monsieur Dimanche dans une antichambre, et je vous ferai connaître les gens.

- Monsieur Dimanche -

Monsieur, cela n'est rien.

- Don Juan -

(à monsieur Dimanche.)

Comment! vous dire que je n'y suis pas! à monsieur Dimanche, au meilleur de mes amis !

- Monsieur Dimanche -

Monsieur, je suis votre serviteur. J'étais venu...

- Don Juan -

Allons vite, un siège pour monsieur Dimanche.

- Monsieur Dimanche -

Monsieur, je suis bien comme cela.

- Don Juan -

Point, point, je veux que vous soyez assis contre moi.

- Monsieur Dimanche -

Cela n'est point nécessaire.

- Don Juan -

Otez ce pliant, et apportez un fauteuil.

- Monsieur Dimanche -

Monsieur, vous vous moquez, et...

- Don Juan -

Non, non, je sais ce que je vous dois; et je ne veux point qu'on mette de différence entre nous deux.

- Monsieur Dimanche -

Monsieur...

- Don Juan -

Allons, asseyez-vous.

- Monsieur Dimanche -

Il n'est pas besoin, Monsieur, et je n'ai qu'un mot à vous dire. J'étais...

- Don Juan -

Mettez-vous là, vous dis-je.

- Monsieur Dimanche -

Non, Monsieur, je suis bien, je viens pour...

- Don Juan -

Non, je ne vous écoute point si vous n'êtes assis.

- Monsieur Dimanche -

Monsieur, je fais ce que vous voulez. Je...

- Don Juan -

Parbleu, monsieur Dimanche, vous vous portez bien.

- Monsieur Dimanche -

Oui, Monsieur, pour vous rendre service. Je suis venu...

- Don Juan -

Vous avez un fonds de santé admirable, des lèvres fraîches, un teint vermeil, et des yeux vifs.

- Monsieur Dimanche -

Je voudrais bien...

- Don Juan -

Comment se porte madame Dimanche, votre épouse ?

- Monsieur Dimanche -

Fort bien, Monsieur, Dieu merci.

- Don Juan -

C'est une brave femme.

- Monsieur Dimanche -

Elle est votre servante, Monsieur. Je venais...

- Don Juan -

Et votre petite fille Claudine, comment se porte-t-elle.

- Monsieur Dimanche -

Le mieux du monde.

- Don Juan -

La jolie petite fille que c'est! je l'aime de tout mon coeur.

- Monsieur Dimanche -

C'est trop d'honneur que vous lui faites, Monsieur. Je vous...

- Don Juan -

Et le petit Colin, fait-il toujours bien du bruit avec son tambour ?

- Monsieur Dimanche -

Toujours de même, Monsieur. Je...

- Don Juan -

Et votre petit chien Brusquet, gronde-t-il toujours aussi fort, et mord-il toujours bien aux jambes les gens qui vont chez vous ?

- Monsieur Dimanche -

Plus que jamais, Monsieur; et nous ne saurions en chevir (12).

- Don Juan -

Ne vous étonnez pas si je m'informe des nouvelles de toute la famille; car j'y prends beaucoup d'intérêt.

- Monsieur Dimanche -

Nous vous sommes, Monsieur, infiniment obligés. Je...

- Don Juan -

(lui tendant la main.)

Touchez donc là, monsieur Dimanche. Etes-vous bien de mes amis ?

- Monsieur Dimanche -

Monsieur, je suis votre serviteur.

- Don Juan -

Parbleu! je suis à vous de tout mon coeur.

- Monsieur Dimanche -

Vous m'honorez trop. Je...

- Don Juan -

Il n'y a rien que je ne fisse pour vous.

- Monsieur Dimanche -

Monsieur, vous avez trop de bonté pour moi.

- Don Juan -

Et cela sans intérêt, je vous prie de le croire.

- Monsieur Dimanche -

Je n'ai point mérité cette grâce assurément. Mais, Monsieur...

- Don Juan -

Oh çà, monsieur Dimanche, sans façon, voulez-vous souper avec moi?

- Monsieur Dimanche -

Non, Monsieur, il faut que je m'en retourne tout à l'heure. Je...

- Don Juan -

(se levant.)

Allons, vite un flambeau pour conduire monsieur Dimanche, et que quatre ou cinq de mes gens prennent des mousquetons pour l'escorter.

- Mr Dimanche -

(se levant aussi.)

Monsieur, il n'est pas nécessaire, et je m'en irai bien tout seul. Mais...

(Sganarelle 'te les sièges promptement.)

- Don Juan -

Comment? je veux qu'on vous escorte, et je m'intéresse trop à votre personne. Je suis votre serviteur, et de plus votre débiteur.

- Monsieur Dimanche -

Ah! Monsieur...

- Don Juan -

C'est une chose que je ne cache pas, et je le dis à tout le monde.

- Monsieur Dimanche -

Si...

- Don Juan -

Voulez-vous que je vous reconduise ?

- Monsieur Dimanche -

Ah, Monsieur, vous vous moquez! Monsieur...

- Don Juan -

Embrassez-moi donc, s'il vous plaît, je vous prie encore une fois d'être persuadé que je suis tout à vous, et qu'il n'y a rien au monde que je ne fisse pour votre service.

(Il sort.)

Scène IV. - Monsieur Dimanche, Sganarelle.

- Sganarelle -

Il faut avouer que vous avez en monsieur un homme qui vous aime bien.

- Monsieur Dimanche -

Il est vrai; il me fait tant de civilités et tant de compliments, que je ne saurais jamais lui demander de l'argent.

- Sganarelle -

Je vous assure que toute sa maison périrait pour vous; et je voudrais qu'il vous arrivât quelque chose, que quelqu'un s'avisât de vous donner des coups de bâton, vous verriez de quelle manière...

- Monsieur Dimanche -

Je le crois; mais, Sganarelle, je vous prie de lui dire un petit mot de mon argent.

- Sganarelle -

Oh! ne vous mettez pas en peine. il vous payera le mieux du monde.

- Monsieur Dimanche -

Mais vous, Sganarelle, vous me devez quelque chose en votre particulier.

- Sganarelle -

Fi! ne parlez pas de cela...

- Monsieur Dimanche -

Comment? Je...

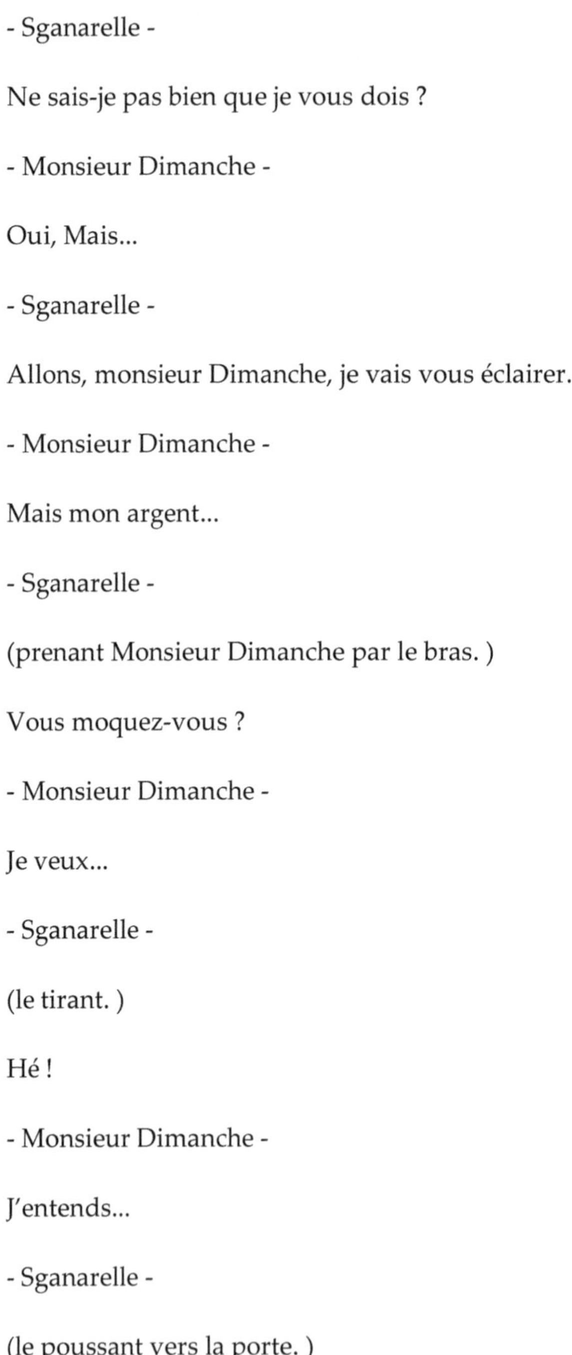

- Sganarelle -

Ne sais-je pas bien que je vous dois ?

- Monsieur Dimanche -

Oui, Mais...

- Sganarelle -

Allons, monsieur Dimanche, je vais vous éclairer.

- Monsieur Dimanche -

Mais mon argent...

- Sganarelle -

(prenant Monsieur Dimanche par le bras.)

Vous moquez-vous ?

- Monsieur Dimanche -

Je veux...

- Sganarelle -

(le tirant.)

Hé !

- Monsieur Dimanche -

J'entends...

- Sganarelle -

(le poussant vers la porte.)

Bagatelles.

- Monsieur Dimanche -

Mais...

- Sganarelle -

(le poussant encore.)

Fi !

- Monsieur Dimanche -

Je...

- Sganarelle -

(Sganarelle le poussant tout à fait hors du théâtre.)

Fi! vous dis-je.

Scène V. - Don Juan, Sganarelle, La Violette.

- La Violette -

(à Don Juan.)

Monsieur, voilà monsieur votre père.

- Don Juan -

Ah! me voici bien! il me fallait cette visite pour me faire enrager.

Scène VI. - Don Louis, Don Juan, Sganarelle.

- Don Louis -

Je vois bien que je vous embarasse, et que vous vous passeriez fort aisément de ma venue. A dire vrai, nous nous incommodons étrangement l'un et l'autre, et si vous êtes las de me voir, je suis bien las aussi de vos déportements. Hélas! que nous savons peu ce que nous faisons, quand nous ne laissons pas au ciel le soin des choses qu'il nous faut, quand nous voulons être plus avisés que lui, et que nous venons à l'importuner par nos souhaits aveugles et nos demandes inconsidérées. J'ai souhaité un fils avec des ardeurs non pareilles; je l'ai demandé sans relâche avec des transports incroyables; et ce fils, que j'obtiens en fatiguant le ciel de voeux, est le chagrin et le supplice de cette vie même dont je croyais qu'il devait être la joie et la consolation. De quel oeil, à votre avis, pensez-vous que je puisse voir cet amas d'actions indignes, dont on a peine, aux yeux du monde, d'adoucir le mauvais visage; cette suite continuelle de méchantes affaires, qui nous réduisent à toutes heures à lasser les bontés du souverain, et qui ont épuisé auprés de lui le mérite de mes services et le crédit de mes amis? Ah! quelle bassesse est la v'tre! Ne rougissez-vous point de mériter si peu votre naissance? Etes-vous en droit, dites-moi, d'en tirer quelque vanité? et qu'avez-vous fait dans le monde pour être gentilhomme? Croyez-vous qu'il suffise d'en porter le nom et les armes, et que ce nous soit une gloire d'être sortis d'un sang noble, lorsque nous vivons en infâmes? Non, non, la naissance n'est rien où la vertu n'est pas. Aussi, nous n'avons part à la gloire de nos ancêtres qu'autant que nous nous efforçons de leur ressembler; et cet éclat de leurs actions qu'ils répandent sur nous nous impose un engagement de leur faire le même honneur, de suivre les pas qu'ils nous tracent, et de ne point dégénérer de leur vertu, si nous voulons être estimés leurs véritables descendants. Ainsi, vous descendez en vain des aïeux dont vous êtes né; ils vous désavouent pour leur sang, et tout ce qu'ils ont fait d'illustre ne vous donne aucun avantage; au contraire, l'éclat n'en rejaillit sur vous qu'à votre déshonneur, et leur gloire est un flambeau qui éclaire aux yeux d'un chacun la honte de vos actions. Apprenez enfin qu'un gentilhomme qui vit mal est un monstre dans la nature; que la vertu est le premier titre de noblesse; que je regarde bien moins au nom qu'on signe qu'aux actions qu'on fait, et que je ferais plus d'état du fils d'un crocheteur qui serait honnête homme, que du fils d'un monarque qui vivrait comme vous.

- Don Juan -

Monsieur, si vous êtiez assis, vous en seriez mieux pour parler.

- Don Louis -

Non, insolent, je ne veux point m'asseoir, ni parler davantage, et je vois bien que toutes mes paroles ne font rien sur ton âme; mais sache, fils indigne, que la tendresse paternelle est poussée à bout par tes actions; que je saurai, plus t't que tu ne penses, mettre une borne à tes dérèglements, prévenir sur toi le courroux du ciel, et laver, par ta punition, la honte de t'avoir fait naître.

Scène VII. - Don Juan, Sganarelle.

- Don Juan -

(adressant encore la parole à son père, quoiqu'il soit sorti.)

Hé !, mourez le plus t't que vous pourrez, c'est le mieux que vous puissiez faire. Il faut que chacun ait son tour, et j'enrage de voir des pères qui vivent autant que leurs fils.

(Il se met dans son fauteuil.)

- Sganarelle -

Ah! Monsieur, vous avez tort.

- Don Juan -

(se levant.)

J'ai tort !

- Sganarelle -

(tremblant.)

Monsieur...

- Don Juan -

J'ai tort !

- Sganarelle -

Oui, Monsieur, vous avez tort d'avoir souffert ce qu'il vous a dit, et vous le deviez mettre dehors par les épaules. A-t-on jamais rien vu de plus impertinent? un père venir faire des remontrances à son fils, et lui dire de corriger ses actions, de se ressouvenir de sa naissance, de mener une vie d'honnête homme, et cent autres sottises de pareille nature! cela se peut-il souffrir à un homme comme vous, qui savez comme il faut vivre? J'admire votre patience; et si j'avais été en votre place, je l'aurais envoyé promener.

(bas, à part.)

O complaisance maudite, à quoi me réduis-tu !

- Don Juan -

Me fera-t-on souper bient't ?

Scène VIII. - Don Juan, Sganarelle, Ragotin.

- Ragotin -

Monsieur, voici une dame voilée qui vient vous parler.

- Don Juan -

Que pourrait-ce être ?

- Sganarelle -

Il faut voir.

Scène IX. - Done Elvire, voilée; Don Juan, Sganarelle.

- Done Elvire -

Ne soyez point surpris, don Juan, de me voir à cette heure et dans cet équipage. C'est un motif pressant qui m'oblige à cette visite, et ce que j'ai à vous dire ne veut point du tout de retardement. Je ne viens point ici pleine de ce courroux que j'ai tant't fait éclater, et vous me voyez bien changée de ce que j'étais ce matin. Ce n'est point cette done Elvire qui faisait des voeux contre vous, et dont l'âme irritée ne jetait que menaces et ne respirait que vengeance. Le ciel a banni de mon âme toutes ces indignes ardeurs que je sentais pour vous, tous ces transports tumultueux d'un attachement criminel, tous ces honteux emportements d'un amour terrestre et grossier; et il n'a laissé dans mon coeur pour vous qu'une flamme épurée de tout le commerce des sens, une tendresse toute sainte, un amour détaché de tout, qui n'agit point pour soi, et ne se met en peine que de votre intérêt.

- Don Juan -

(bas, à Sganarelle.)

Tu pleures, je pense ?

- Sganarelle -

Pardonnez-moi.

- Done Elvire -

C'est ce parfait et pur amour qui me conduit ici pour votre bien, pour vous faire part d'un avis du ciel, et tâcher de vous retirer du précipice où vous courez. Oui, don Juan, je sais tous les dérèglements de votre vie; et ce même ciel, qui m'a touché le coeur et fait jeter les yeux sur les égarements de ma conduite, m'a inspiré de vous venir trouver, et de vous dire de sa part que vos offenses ont épuisé sa miséricorde, que sa colère redoutable est près de tomber sur vous, qu'il est en vous de l'éviter par un prompt repentir, et que peut-être vous n'avez pas encore un jour à vous pouvoir soustraire au plus grand de tous les malheurs. Pour moi, je ne tiens plus à vous par aucun attachement du monde. Je suis revenue, grâces au ciel, de toutes mes folles pensées; ma retraite est résolue, et je ne demande qu'assez de vie pour pouvoir expier la faute que j'ai faite, et mériter, par une austère pénitence, le pardon de l'aveuglement où m'ont plongée les transports d'une passion condamnable. Mais, dans cette retraite, j'aurais une douleur extrême qu'une personne que j'ai chérie tendrement devînt un exemple funeste de la justice du ciel; et ce me sera une joye incroyable, si je puis vous porter à détourner de dessus votre tête l'épouvantable coup qui vous menace. De grâce, don Juan, accordez-moi pour dernière faveur cette douce consolation; ne me refusez point votre salut, que je vous demande avec larmes; et si vous n'êtes point touché de votre intérêt, soyez-le au moins de mes prières, et m'épargnez le cruel déplaisir de vous voir condamner à des supplices éternels.

- Sganarelle -

(à part.)

Pauvre femme !

- Done Elvire -

Je vous ai aimé avec une tendresse extrême, rien au monde ne m'a été si cher que vous; j'ai oublié mon devoir pour vous, j'ai fait toutes choses pour vous; et toute la récompense que je vous en demande, c'est de corriger votre vie et de prévenir votre perte. Sauvez-vous, je vous prie, ou pour l'amour de vous, ou pour l'amour de moi. Encore une fois, don Juan, je vous le demande avec larmes; et si ce n'est assez des larmes d'une personne que vous avez aimée, je vous en conjure par tout ce qui est le plus capable de vous toucher.

- Sganarelle -

(à part, regardant Don Juan.)

Coeur de tigre !

- Done Elvire -

Je m'en vais après ce discours; et voilà tout ce que j'avais à vous dire.

- Don Juan -

Madame, il est tard, demeurez ici. On vous y logera le mieux qu'on pourra.

- Done Elvire -

Non, don Juan, ne me retenez pas davantage.

- Don Juan -

Madame, vous me ferez plaisir de demeurer, je vous assure.

- Done Elvire -

Non, vous dis-je; ne perdons point de temps en discours superflus. Laissez-moi viste aller, ne faites aucune instance pour me conduire, et songez seulement à profiter de mon avis.

Scène X. - Don Juan, Sganarelle.

- Don Juan -

Sais-tu bien que j'ai encore senti quelque peu d'émotion pour elle, que j'ai trouvé de l'agrément dans cette nouveauté bizarre, et que son habit négligé, son air languissant et ses larmes ont réveillé en moi quelques petits restes d'un feu éteint ?

- Sganarelle -

C'est à dire que ses paroles n'ont fait aucun effet sur vous.

- Don Juan -

Vite à souper.

- Sganarelle -

Fort bien.

Scène XI. - Don Juan, Sganarelle, La Violette, Ragotin.

- Don Juan -

(se mettant à table.)

Sganarelle, il faut songer à s'amender pourtant.

- Sganarelle -

Oui-da.

- Don Juan -

Oui, ma foi, il faut s'amender. Encore vingt ou trente ans de cette vie-ci, et puis nous songerons à nous.

- Sganarelle -

Ah !

- Don Juan -

Qu'en dis-tu ?

- Sganarelle -

Rien, voilà le souper.

(Il prend un morceau d'un des plats qu'on apporte, et le met dans sa bouche.)

- Don Juan -

Il me semble que tu as la joue enflée: qu'est-ce que c'est? Parle donc. Qu'as-tu là ?

- Sganarelle -

Rien.

- Don Juan -

Montre un peu. Parbleu! c'est une fluxion qui lui est tombée sur la joue. Vite une lancette pour percer cela! Le pauvre garçon n'en peut plus, et cet abcès le pourrait étouffer. Attends, voyez comme il était mûr! Ah! coquin que vous êtes !

- Sganarelle -

Ma foi, Monsieur, je voulais voir si votre cuisinier n'avait point mis trop de sel ni trop de poivre.

- Don Juan -

Allons, mets-toi là, et mange. J'ai affaire de toi quand j'aurai soupé. Tu as faim à ce que je vois.

- Sganarelle -

(se mettant à table.)

Je le crois bien, Monsieur, je n'ai point mangé depuis ce matin. Tâtez de cela, voilà qui est le meilleur du monde.

(A Ragotin, qui, à mesure que Sganarelle met quelque chose sur son assiette, la lui 'te dès que Sganarelle tourne la tête.)

Mon assiette, mon assiette! Tout doux, s'il vous plaît. Vertubleu! petit compère, que vous êtes habile à donner des assiettes nettes! Et vous, petit la Violette, que vous savez présenter à boire à propos !

(Pendant que la Violette donne à boire à Sganarelle, Ragotin 'te encore son assiette.)

- Don Juan -

Qui peut fraper de cette sorte ?

- Sganarelle -

Qui diable nous vient troubler dans notre repas ?

- Don Juan -

Je veux souper en repos, au moins; et qu'on ne laisse entrer personne.

- Sganarelle -

Laissez-moi faire, je m'y en vais moi-même.

- Don Juan -

(voyant venir Sganarelle effrayé.)

Qu'est-ce donc? qu'y a-t-il ?

- Sganarelle -

(baissant la tête comme a la statue.)

Le... qui est là.

- Don Juan -

Allons voir, et montrons que rien ne me saurait ébranler.

- Sganarelle -

Ah, pauvre Sganarelle, où te cacheras-tu ?

Scène XII. - Don Juan, La Statue du Commandeur, Sganarelle, La Violette, Ragotin.

- Don Juan -

(à ses gens.)

Une chaise et un couvert. Vite donc.

(Don Juan et la statue se mettent à table.) (A Sganarelle.)

Allons, mets-toi à table.

- Sganarelle -

Monsieur, je n'ai plus de faim.

- Don Juan -

Mets-toi là, te dis-je. A boire. A la santé du commandeur! je te la porte, Sganarelle. Qu'on lui donne du vin.

- Sganarelle -

Monsieur, je n'ai pas soif.

- Don Juan -

Bois, et chante ta chanson, pour régaler le commandeur.

- Sganarelle -

Je suis enrhumé, Monsieur.

- Don Juan -

Il n'importe, Allons.

(à ses gens.)

Vous autres, venez, accompagnez sa voix.

- La Statue -

Don Juan, c'est assez, je vous invite à venir demain souper avec moi. En aurez-vous le courage ?

- Don Juan -

Oui, j'irai, accompagné du seul Sganarelle.

- Sganarelle -

Je vous rends grâce, il est demain jeûne pour moi.

- Don Juan -

(à Sganarelle.)

Prends ce flambeau.

- La Statue -

On n'a pas besoin de lumière quand on est conduit par le ciel.

ACTE CINQUIEME.

— — — — — — — —

Le théâtre représente une campagne.

Scène I. - Don Louis, Don Juan, Sganarelle.

- Don Louis -

Quoi! mon fils, serait-il possible que la bonté du ciel eût exaucé mes voeux? Ce que vous me dites est-il bien vrai? ne m'abusez-vous point d'un faux espoir, et puis-je prendre quelque assurance sur la nouveauté surprenante d'une telle conversion ?

- Don Juan -

Oui, vous me voyez revenu de toutes mes erreurs; je ne suis plus le même d'hier au soir, et le ciel tout d'un coup, a fait en moi un changement qui va surprendre tout le monde. Il a touché mon âme et dessillé mes yeux; et je regarde avec horreur le long aveuglement où j'ai été, et les désordres criminels de la vie que j'ai menée. J'en repasse dans mon esprit toutes les abominations, et m'étonne comme le ciel les a pu souffrir si longtemps, et n'a pas vingt fois sur ma tête laissé tomber les coups de sa justice redoutable. Je vois les grâces que sa bonté m'a faites en ne me punissant point de mes crimes, et je prétends en profiter comme je dois, faire éclater aux yeux du monde un soudain changement de vie, réparer par là le scandale de mes actions passées, et m'efforcer d'en obtenir du ciel une pleine rémission. C'est à quoi je vais travailler; et je vous prie, Monsieur, de vouloir bien contribuer à ce dessein, et de m'aider vous même à faire choix d'une personne qui me serve de guide, et sous la conduite de qui je puisse marcher sûrement dans le chemin où je m'en vais entrer.

- Don Louis -

Ah! mon fils, que la tendresse d'un père est aisément rappelée, et que les offenses d'un fils s'évanouissent vite au moindre mot de repentir! Je ne me souviens plus déjà de tous les déplaisirs que vous m'avez donnés, et tout est effacé par les paroles que vous venez de me faire entendre. Je ne me sens pas, je l'avoue; je jette des larmes de joie; tous mes voeux sont satisfaits, et je n'ai plus rien désormais à demander au ciel. Embrassez-moi, mon fils, et persistez, je vous conjure, dans cette louable pensée. Pour moi, j'en vais, tout de ce pas, porter l'heureuse nouvelle à votre mère, partager avec elle les doux transports du ravissement où je suis, et rendre grâces au ciel des saintes résolutions qu'il a daigné vous inspirer.

Scène II. - Don Juan, Sganarelle.

- Sganarelle -

Ah! Monsieur, que j'ai de joie de vous voir converti! il y a longtemps que j'attendais cela; et voilà, grâces au ciel, tous mes souhaits accomplis.

- Don Juan -

La peste le benêt !

- Sganarelle -

Comment, le benêt ?

- Don Juan -

Quoi! tu prends pour de bon argent ce que je viens de dire, et tu crois que ma bouche était d'accord avec mon coeur ?

- Sganarelle -

Quoi! ce n'est pas... Vous ne... Votre...

(à part.)

Oh! quel homme! quel homme! quel homme !

- Don Juan -

Non, non, je ne suis point changé, et mes sentiments sont toujours les mêmes.

- Sganarelle -

Vous ne vous rendez pas à la surprenante merveille de cette statue mouvante et parlante ?

- Don Juan -

Il y a bien quelque chose là dedans que je ne comprends pas, mais quoi que ce puisse être, cela n'est pas capable, ni de convaincre mon esprit, ni d'ébranler mon âme; et si j'ai dit que je voulais corriger ma conduite, et me jeter dans un train de vie exemplaire, c'est un dessein que j'ai formé par pure politique, un stratagème utile, une grimace nécessaire où je veux me contraindre, pour ménager un père dont j'ai besoin, et me mettre à couvert, du c'té des hommes, de cent fâcheuses aventures qui pourraient m'arriver. Je veux bien, Sganarelle, t'en faire confidence, et je suis bien aise d'avoir un témoin du fond de mon âme, et des véritables motifs qui m'obligent à faire les choses.

- Sganarelle -

Quoi! vous ne croyez rien du tout, et vous voulez cependant vous ériger en homme de bien ?

- Don Juan -

Et pourquoi non? il y en a tant d'autres comme moi qui se mêlent de ce métier, et qui se servent du même masque pour abuser le monde.

- Sganarelle -

(à part.)

Ah! quel homme! quel homme !

- Don Juan -

Il n'y a plus de honte maintenant à cela: l'hypocrisie est un vice à la mode, et tous les vices à la mode passent pour vertus. Le personnage d'homme de bien est le meilleur de tous les personnages qu'on puisse jouer. Aujourd'hui, la profession d'hypocrite a de merveilleux avantages. C'est un art de qui l'imposture est toujours respectée; et quoiqu'on la découvre, on n'ose rien dire contre elle. Tous les autres vices des hommes sont exposés à la censure, et chacun a la liberté de les attaquer hautement; mais l'hypocrisie est un vice privilégié qui, de sa main, ferme la bouche à tout le monde, et jouit en repos d'une impunité souveraine. On lie, à force de grimaces, une société étroite avec tous les gens du parti. Qui en choque un, se les attire tous sur les bras; et ceux que l'on sait même agir de bonne foi là-dessus, et que chacun connaît pour être véritablement touchés, ceux-là, dis-je, sont toujours les dupes des autres; ils donnent bonnement dans le panneau des grimaciers, et appuient aveuglément les singes de leurs actions. Combien crois-tu que j'en connaisse qui, par ce stratagème, ont rhabillé adroitement les désordres de leur jeunesse, qui se sont fait un bouclier du manteau de la religion, et sous cet habit respecté, ont la permission d'être les plus méchants hommes du monde? On a beau savoir leurs intrigues, et les connaître pour ce qu'ils sont, ils ne laissent pas pour cela d'être en crédit parmi les gens; et quelque baissement de tête, un soupir mortifié et deux roulements d'yeux rajustent dans le monde tout ce qu'ils peuvent faire. C'est sous cet abri favorable que je veux me sauver, et mettre en sûreté mes affaires. Je ne quitterai point mes douces habitudes; mais j'aurai soin de me cacher, et me divertirai à petit bruit. Que si je viens à être découvert, je verrai, sans me remuer, prendre mes intérêts à toute la cabale, et je serai défendu par elle envers et contre tous. Enfin, c'est là le vrai moyen de faire impunément tout ce que je voudrai. Je m'érigerai en censeur des actions d'autrui, jugerai mal de tout le monde, et n'aurai bonne opinion que de moi. Dès qu'une fois on m'aura choqué tant soit peu, je ne pardonnerai jamais, et garderai tout doucement une haine irréconciliable. Je serai le vengeur des intérêts du ciel; et, sous ce prétexte commode, je pousserai mes ennemis, je les accuserai d'impiété, et saurai déchaîner contre eux des zelés indiscrets, qui, sans connaissance de cause, crieront en public contre eux, qui les accableront d'injures, et les damneront hautement, de leur autorité privée. C'est ainsi qu'il faut profiter des faiblesses des hommes, et qu'un sage esprit s'accommode aux vices de son siècle.

- Sganarelle -

O ciel! qu'entends-je ici! il ne vous manquait plus que d'être hypocrite, pour vous achever de tout point; et voilà le comble des abominations. Monsieur, cette dernière-ci m'emporte, et je ne puis m'empêcher de parler. Faites-moi tout ce qu'il vous plaira: battez-moi, assommez-moi de coups, tuez-moi, si vous voulez; il faut que je décharge mon coeur, et qu'en valet fidèle je vous dise ce que je dois. Sachez, Monsieur, que tant va la cruche à l'eau, qu'enfin elle se brise; et comme dit fort bien cet auteur que je ne connais pas, l'homme est, en ce monde, ainsi que l'oiseau sur la branche; la branche est attachée à l'arbre; qui s'attache à l'arbre suit de bons préceptes; les bons préceptes valent mieux que les belles paroles; les belles paroles se trouvent à la cour; à la cour sont les courtisans; les courtisans suivent la mode; la mode vient de la fantaisie; la fantaisie est une faculté de l'âme; l'âme est ce qui nous donne la vie; la vie finit par la mort; la mort nous fait penser au ciel; le ciel est au-dessus de la terre; la terre n'est point la mer; la mer est sujette aux orages; les orages tourmentent les vaisseaux; les vaisseaux ont besoin d'un bon pilote; un bon pilote a de la prudence; la prudence n'est pas dans les jeunes gens; les jeunes gens doivent obéissance aux vieux; les vieux aiment les richesses; les richesses font les riches; les riches ne sont pas pauvres; les pauvres ont de la nécessité; nécessité n'a point de loi; qui n'a pas de loi vit en bête brute, et par conséquent vous serez damné à tous les diables.

- Don Juan -

O le beau raisonnement !

- Sganarelle -

Après cela, si vous ne vous rendez, tant pis pour vous.

Scène III. - Don Carlos, Don Juan, Sganarelle.

- Don Carlos -

Don Juan, je vous trouve à propos, et suis bien aise de vous parler ici plut't que chez vous, pour vous demander vos résolutions. Vous savez que ce soin me regarde, et que je me suis, en votre présence, chargé de cette affaire. Pour moi, je ne le cèle point, je souhaite fort que les choses aillent dans la douceur; et il n'y a rien que je ne fasse pour porter votre esprit à vouloir prendre cette voie, et pour vous voir publiquement confirmer à ma soeur le nom de votre femme.

- Don Juan -

(d'un ton hypocrite.)

Hélas! je voudrais bien de tout mon coeur vous donner la satisfaction que vous souhaitez; mais le ciel s'y oppose directement; il a inspiré à mon âme le dessein de changer de vie, et je n'ai point d'autres pensées maintenant que de quitter entièrement tous les attachements du monde, de me dépouiller au plus t't de toutes sortes de vanités, et de corriger désormais, par une austère conduite, tous les dérèglements criminels où m'a porté le feu d'une aveugle jeunesse.

- Don Carlos -

Ce dessein, don Juan, ne choque point ce que je dis; et la compagnie d'une femme légitime peut bien s'accommoder avec les louables pensées que le ciel vous inspire.

- Don Juan -

Hélas! point du tout. C'est un dessein que votre soeur elle-même a pris; elle a résolu sa retraite, et nous avons été touchés tous deux en même temps.

- Don Carlos -

Sa retraite ne peut nous satisfaire, pouvant être imputée au mépris que vous feriez d'elle et de notre famille; et notre honneur demande qu'elle vive avec vous.

- Don Juan -

Je vous assure que cela ne se peut. J'en avais, pour moi, toutes les envies du monde; et je me suis, même encore aujourd'hui, conseillé au ciel pour cela; mais lorsque je l'ai consulté, j'ai entendu une voix qui m'a dit que je ne devais point songer à votre soeur, et qu'avec elle, assurément, je ne ferais point mon salut.

- Don Carlos -

Croyez-vous, don Juan, nous éblouir par ces belles excuses ?

- Don Juan -

J'obéis à la voix du ciel.

- Don Carlos -

Quoi! vous voulez que je me paye d'un semblable discours ?

- Don Juan -

C'est le ciel qui le veut ainsi.

- Don Carlos -

Vous aurez fait sortir ma soeur d'un couvent, pour la laisser ensuite ?

- Don Juan -

Le ciel l'ordonne de la sorte.

- Don Carlos -

Nous souffririons cette tache en notre famille ?

- Don Juan -

Prenez-vous-en au ciel.

- Don Carlos -

Hé quoi! toujours le ciel !

- Don Juan -

Le ciel le souhaite comme cela.

- Don Carlos -

Il suffit, don Juan, je vous entends. Ce n'est pas ici que je veux vous prendre, et le lieu ne le souffre pas; mais, avant qu'il soit peu, je saurai vous trouver.

- Don Juan -

Vous ferez ce que vous voudrez. Vous savez que je ne manque point de coeur, et que je sais me servir de mon épée quand il le faut. Je m'en vais passer tout à l'heure dans cette petite rue écartée qui mêne au grand couvent; mais je vous déclare, pour moi, que ce n'est point moi qui veux me battre: le ciel m'en défend la pensée; et si vous m'attaquez, nous verrons ce qui en arrivera.

- Don Carlos -

Nous verrons, de vrai, nous verrons.

Scène IV. - Don Juan, Sganarelle.

- Sganarelle -

Monsieur, quel diable de style prenez-vous là? Ceci est bien pis que le reste, et je vous aimerais bien mieux encore comme vous étiez auparavant. J'espérais toujours de votre salut; mais c'est maintenant que j'en désespère: et je crois que le ciel, qui vous a souffert jusques ici, ne pourra souffrir du tout cette dernière horreur.

- Don Juan -

Va, va, le ciel n'est pas si exact que tu penses; et si toutes les fois que les hommes...

Scène V. - Don Juan, Sganarelle; un spectre, en femme voilée.

- Sganarelle -

(apercevant le spectre.)

Ah! Monsieur, c'est le ciel qui vous parle, et c'est un avis qu'il vous donne.

- Don Juan -

Si le ciel me donne un avis, il faut qu'il parle un peu plus clairement, s'il veut que je l'entende.

- Le spectre -

Don Juan n'a plus qu'un moment à pouvoir profiter de la miséricorde du ciel; et s'il ne se repent ici, sa perte est résolue.

- Sganarelle -

Entendez-vous, Monsieur ?

- Don Juan -

Qui ose tenir ces paroles? je crois connaître cette voix.

- Sganarelle -

Ah! Monsieur, c'est un spectre, je le reconnais au marcher.

- Don Juan -

Spectre, fant'me, ou diable, je veux voir ce que c'est.

(Le spectre change de figure, et représente le Temps, avec sa faux à la main.)

- Sganarelle -

O ciel! Voyez-vous, Monsieur, ce changement de figure ?

- Don Juan -

Non, non, rien n'est capable de m'imprimer de la terreur; et je veux éprouver avec mon épée si c'est un corps ou un esprit.

(Le spectre s'envole dans le temps que don Juan veut le frapper.)

- Sganarelle -

Ah! Monsieur, rendez-vous à tant de preuves, et jetez-vous vite dans le repentir.

- Don Juan -

Non, non, il ne sera pas dit, quoi qu'il arrive, que je sois capable de me repentir. Allons, suis-moi.

Scène VI. - La Statue du Commandeur, Don Juan, Sganarelle.

- La Statue -

Arrêtez, don Juan. Vous m'avez hier donné parole de venir manger avec moi.

- Don Juan -

Oui. Où faut-il aller ?

- La Statue -

Donnez-moi la main.

- Don Juan -

La voilà.

- La Statue -

Don Juan, l'endurcissement au péché traîne une mort funeste; et les grâces du ciel que l'on renvoye ouvrent un chemin à sa foudre.

- Don Juan -

O Ciel, que sens-je? un feu invisible me brûle, je n'en puis plus, et tout mon corps devient un brasier ardent! Ah !

(Le tonnerre tombe avec un grand bruit et de grands éclairs sur don Juan. La terre s'ouvre et l'abîme; et il sort de grands feux de l'endroit où il est tombé.)

Scène VII. - Sganarelle.

- Sganarelle -

Ah mes gages! mes gages! Voilà, par sa mort, un chacun satisfait. Ciel offensé, lois violées, filles séduites, familles déshonorées, parents outragés, femmes mises à mal, maris poussés à bout, tout le monde est content; il n'y a que moi seul de malheureux. Mes gages, mes gages, mes gages !

FIN DU FESTIN DE PIERRE.

Notes

(1) "Aga" est une interjection d'admiration encore usitée dans quelques pays de France. Elle n'est point tirée du grec, comme plusieurs hellénistes l'ont pensé. La nature l'a fournie à nos ancêtres comme les autres interjections "ah! " "oh! " "eh! " (Mén.)

(2) Ce proverbe, fondé sur quelque superstition populaire, se trouve dans la "Comédie des Proverbes", d'Adrien de Montluc: "Tu as la berlue; je crois que tu as été au trépassement d'un chat, tu vois trouble. " (A.)

(3) "Ardez", abréviation de "regardez".

(4) On dit figurément, il en a pour "sa mine de fèves", pour, il a été attrapé, il en a eu pour son compte. La "mine" est une mesure qui contient la moitié d'un setier.

(5) "Engingorniaux", parure, ornement de cou. Ce mot patois est probablement composé de l'ancienne expression "engin", invention, et de "gorgère", "gorgias", gorge, invention pour le cou. Ce qui a frappé Pierrot, c'est ce "grand mouchoir de cou à réseau avec quatre grosses houpes de linge qui qui leur pendaient sur l'estomac".

(6) Les villageoises portaient alors sur leur jupon une espèce de tablier appelé "garde-robe". Ce mot a perdu cette signification.

(7) Le creux qui est en haut de l'estomac. Ce mot dérive de l'allemand "brechen", rompre, couper. (Mén.)

(8) Mot qui exprime la niaiserie et l'inexpérience, par allusion aux jeunes oiseaux, qui naissent presque tous avec le bec jaune, et qui, en termes de fauconnerie, se nomment des "niais". Montrer à quelqu'un son "bec jaune", c'est lui montrer qu'il est un sot.

(9) Autre locution proverbiale qui exprime la honte de n'avoir pas réussi dans une entreprise. "Voilà des harangueurs bien connus", dit Montaigne.

(10) Tous les mots placés entre deux crochets ne se trouvent que dans la première édition.

(11) Fant'me créé par l'imagination du peuple, et qu'on représentait courant la nuit dans les rues pour maltraiter les passants.

(12) "Chevir", c'est-à-dire, venir à "chef" et à bout de quelque chose, car il vient de "chef", ainsi qu'achever. Selon ce, on dit "chevir" d'un homme revêche, d'un cheval farouche: c'est en venir à bout, et le mettre à la raison (Nic.)

Ingram Content Group UK Ltd.
Milton Keynes UK
UKHW041259190423
420429UK00001B/20

9 781409 953234